La Cocina del Cielo

Chef Ive Adorno

Derechos de autor

Primera edición, 2025
Publicado por: Kitvi Editorial, LLC

Dedicatoria

A mi Papito (mi abuelo materno), que me enseñó que la cocina es herencia, y a mi Gran Chef (Dios), que me enseñó que la vida también se cocina con fe.

Nota de la autora
sobre las "recetas" de este libro

En *La Cocina del Cielo*, las "recetas" no se refieren a platos que se comen, sino a procesos del corazón. Aquí, una taza no mide ingredientes... mide fe. Una cucharada no mueve masa... mueve esperanza. Y el fuego no cocina comida... afina el carácter.

Cada receta es una metáfora espiritual:

- *Una taza de fe*
- *Una cucharada de esperanza*
- *Un corazón arrepentido como ingrediente principal*
- *Un fuego que representa el proceso de Dios*
- *Una masa que simboliza el alma que se deja trabajar*

Nada de lo que aparece en este libro está pensado para ser preparado en una cocina física, sino en la cocina interna donde Dios transforma la vida.

Estas recetas son símbolos, oraciones disfrazadas de instrucciones, meditaciones moldeadas con el lenguaje del fogón y los ingredientes.

Su propósito es invitarte a un proceso espiritual, no a un plato culinario.

Índice

Yo soy el restaurante de Dios

No nací para abrir un local con mesas y paredes.
Nací para abrir mi vida y que el Gran Chef sirviera a través de mí.

Un restaurante es un lugar donde la gente entra cansada y sale restaurada. Donde se comparten risas, se sanan corazones y hasta un plato sencillo puede devolver la esperanza.

Así quiero que sea mi vida: un restaurante de Dios.
Donde cada palabra sea un bocado de ánimo,
donde cada gesto sirva como pan caliente en medio del hambre,
donde cada proceso de mi historia se convierta en sazón para otros.

Yo soy Su cocina, Su mesa, Su servicio.
No porque tenga algo extraordinario, sino porque el Gran Chef decidió cocinar en mí.

Y tú, ¿también eres un restaurante de Dios?

Chef Ive Adorno

Introducción

La Cocina Donde El Cielo Se Mezcla con la Vida

La cocina para mí siempre ha sido más que un lugar de recetas. Es un santuario donde los aromas cuentan historias, donde el fuego revela verdades y donde cada proceso transforma, tanto dentro del caldero como dentro del alma.

Dios me ha enseñado que la vida también se cocina. Él es el Gran Chef que diseña el menú antes de que nosotros lleguemos a la mesa. Sabe exactamente qué ingredientes necesitamos, cuándo añadirlos, qué cortes serán necesarios para darnos forma y qué fuego sacará nuestro mejor sabor.

En la Cocina del Cielo nada se desperdicia. Las sobras se convierten en manjares, los errores en nuevas recetas, y hasta las lágrimas, sí, esas que queman, se vuelven en la sal que resalta el sabor de la gracia. No hay detalle pequeño, no hay proceso al azar, no hay fuego sin propósito.

Este libro nace de la convicción profunda de que cada técnica culinaria es un espejo espiritual. Que cada ingrediente, cada sazón, cada proceso lento, cada hervor y cada reposo son maneras en que Dios nos muestra que Él está trabajando en nosotros, aun cuando parece que nada se mueve. El cielo se mete en nuestras ollas diarias para recordarnos que ninguna etapa es pérdida, y que incluso nuestras temporadas más duras siguen siendo parte de Su receta perfecta.

Quiero invitarte a mirar tu vida como un chef mira su creación: con intención, con paciencia, con expectativa. Al entender que aunque hoy estés en el fuego, en el reposo, en la presión o en el ahumado, lo que Dios está preparando en ti es un plato digno de Su mesa.

Este no es un libro de recetas tradicionales, aunque encontrarás notas culinarias y platos simbólicos. Este es un recorrido espiritual. Una guía para que descubras que tu vida está siendo preparada en la Cocina del Cielo, donde el Gran Chef nunca improvisa, nunca se equivoca y nunca se apresura.

Y ahora, antes de entrar a la primera técnica, te pregunto con la misma honestidad con la que Dios me lo preguntó a mí:

¿Estás listo para dejar que Él te corte, te sazone, te procese y finalmente te sirva en Su propósito?

Porque todo gran plato comienza con una decisión.

Y este...
este es el momento de la tuya.

El primer aroma del cielo

Antes de sentarte a la mesa del primer capítulo, quiero invitarte a ponerte **el delantal del alma**.
Porque en la Cocina del Cielo no venimos solo a aprender…
venimos a *saborear* cada proceso.

Aquí no se estudian ideas. Aquí se degustan verdades.

Cada enseñanza que leerás está servida con intención divina: no son teorías, no son metáforas decorativas, son **recetas del corazón de Dios para el tuyo**. Platos espirituales preparados para formar, sanar, confrontar y revelar.

Así que respira profundo.
Sacude las migajas viejas.
Limpia tu mesa interior.
Ajusta tu postura.

El Gran Chef está a punto de dejar caer **el primer aroma del cielo** en tu espíritu. Y cuando ese aroma llega, algo cambia para siempre.

Prepárate…
Lo que estás por descubrir no es un capítulo más.

Es el inicio del menú divino que Dios ha estado diseñando para tu vida desde antes de que tú supieras que estabas en Su cocina.

El banquete que das a degustar

El banquete que
das a degustar

Antes de hablar del diseño divino, hay una verdad que no podemos ignorar: el Gran Chef te está procesando porque hay un banquete que otros van a degustar a través de ti.

Dios no te forma solo para tu crecimiento, sino para tu propósito. Cada fuego que pasas, cada sazón que recibes, cada corte que te da forma, responde a una necesidad que Él está preparando a través de tu vida.

En la Cocina del Cielo nada es casualidad: tu historia alimenta, tu proceso nutre, tu transformación sirve. Lo que has vivido no es solo tuyo, es un plato que Dios está preparando para la mesa de alguien más.

Cuando Él te sirva, no serás improvisación: serás receta completa. Serás aroma, sazón y enseñanza. Serás banquete para los que aún tienen hambre. Y con esta verdad lista en tu corazón, ahora sí, estás preparado para entrar al siguiente paso:

Cómo Dios planifica el menú de tu vida.

El diseño de Dios

Planificar el menú: El diseño de Dios

Cada plato comienza en el corazón del Gran Chef

Historia / Metáfora culinaria

Ningún chef enciende el fogón sin antes planificar el menú. Antes de cortar, sazonar o cocinar, hay un instante sagrado de silencio y algunas preguntas:
¿Qué quiero transmitir a través de este plato?
¿Qué experiencia deseo que el comensal viva en la mesa?

El menú no es una simple lista; es la extensión de la visión del creador. Cada curso revela identidad, propósito y dirección. Es un hilo invisible que conecta desde la entrada hasta el último bocado.

Pero ningún chef diseña un menú sin conocer la ocasión: No se cocina igual para una boda que para una mesa de consuelo. No se prepara lo mismo para un banquete que para un desayuno íntimo.

El propósito del encuentro determina los ingredientes, los tiempos, las texturas y el ambiente. Así también, cuando Dios planificó tu vida, tuvo en cuenta la actividad celestial para la cual fuiste creado. Tu menú no es genérico ni reciclado. Es específico. Intencional. Un diseño exclusivo. Cada etapa, cada don, cada proceso responde a un llamado preciso que Él depositó en ti.

El Gran Chef no cocina al azar. Prepara lo necesario para la misión que tienes frente a ti. Por eso, descubrir tu propósito es también entender para qué banquete fuiste formado. ¿Qué mesa vas a nutrir? ¿Qué vida vas a alimentar? ¿Qué sabor va a salir de tu historia?

Reflexión espiritual

Dios no improvisa. Él diseña, establece y sostiene.

Jeremías 1:5 nos recuerda esta verdad, Dios pensó en ti antes de formarte:
"Antes que te formase en el vientre te conocí".
El salmista declara esto en Salmo 139:16, Dios escribió tus días antes de que nacieras:
"Todo estaba ya escrito en tu libro"

Definió tu sazón único. Tu combinación irrepetible de dones, heridas, victorias y procesos. Como un menú bien planificado, tu vida fue diseñada con intención, no al azar.
No eres un error. Eres la respuesta de Dios a una necesidad específica en la tierra.

Tal vez a veces sientes que tu historia ha sido improvisada. Pero escucha esto con el corazón:

El Gran Chef no sirve platos accidentales.

Léelo de nuevo. Saborea cada palabra. Recuérdalo cuando el fuego apriete:
El Gran Chef no sirve platos accidentales.

Aun tus pruebas y sabores amargos forman parte de un menú eterno que alimentará a otros y glorificará a Dios.

El bocado final

No eres un plato de último momento. No eres una receta improvisada. Eres parte de un banquete eterno donde cada etapa, cada corte, cada sazón y cada fuego han cumplido un propósito perfecto.

Lo que Dios está cocinando en ti es digno de Su mesa.

Oración

Señor, gracias porque no improvisas conmigo. Gracias porque cada etapa, cada proceso y cada detalle de mi vida forman parte de un menú perfecto diseñado desde Tu corazón. Enséñame a confiar en Tu plan maestro, aun cuando yo no entienda el fuego ni el tiempo.
Amén.

Frase sazonada

"El propósito del banquete define el menú; así como el llamado define tu vida."

Menú simbólico del Gran Chef

Entrada: procesos pequeños que preparan el alma.
Plato fuerte: los grandes retos que forman carácter.
Postre: la dulzura de la gracia que corona cada etapa.
Bebida: la presencia del Espíritu que refresca y renueva.

Un menú habla de orden, intención y visión. Así también, Dios estructuró tu vida para que cada temporada tenga un propósito, un sabor y un destino eterno.

Entre el diseño
y la preparación

Después de planificar el menú, llega un momento estratégicamente silencioso pero decisivo: la preparación.

Antes de cortar, el chef organiza su espacio, afila sus cuchillos, limpia su mesa y acomoda cada ingrediente con intención. Nada se deja al azar. Cada herramienta tiene su lugar; cada paso tiene su tiempo.

Así también obra el Gran Chef con nosotros. Antes de encender el fuego de un nuevo proceso, Él prepara nuestro entorno, ordena nuestras prioridades y afila el alma para que podamos sostener lo que está por venir.

En este punto, el cielo no improvisa. Dios acomoda, pule, limpia y dispone. Y mientras nosotros sentimos quietud, Él está moviendo piezas en secreto. Es un silencio estratégico, no una pausa vacía. Un silencio que anuncia transición.

Porque en la Cocina del Cielo, toda preparación es una expresión de amor. El amor de un Padre que no quiere que entres al fuego sin filo, sin orden, sin enfoque, ni sin la fortaleza interna necesaria para la transformación que se acerca.

Prepárate...
El Gran Chef está por revelarte las técnicas del cielo, esas acciones divinas que moldean tu carácter, refinan tu espíritu y revelan Su propósito en cada detalle.

Las técnicas de la cocina del cielo

Las técnicas de la cocina del cielo

Donde el proceso se vuelve maestría

Antes de servir, todo chef aprende técnicas. El talento sin disciplina se dispersa, y el fuego sin propósito no transforma: solo quema. En la Cocina del Cielo, las técnicas son esos procesos donde Dios, con una paciencia que ningún maestro terrenal posee, entrena nuestras manos, afina nuestro corazón y reordena nuestros sentidos.

A simple vista, pareciera que nada sucede. Pero en realidad, Él está desarrollando precisión espiritual, temple emocional y una sensibilidad que solo nace en quienes permiten ser trabajados. Nos enseña a sostener el filo de Su Palabra sin herir, a resistir el fuego sin perder el sabor, a cortar lo estorboso con discernimiento, a sazonar con gracia, a esperar sin ansiedad, a soportar la presión sin quebrarnos y a salir del horno convertidos en algo que ni nosotros imaginábamos.

Cada técnica tiene dirección. Cada proceso tiene intención. Nada es casualidad en la mesa del Gran Chef.

Cuando Él afila, no es castigo: es preparación.
Cuando corta, no mutila: define.
Cuando sazona, no cubre: impregna.
Cuando hierve, no destruye: purifica.
Cuando presiona, no aplasta: concentra lo esencial.
Cuando hornea, no acelera: perfecciona a fuego lento.
Y cuando te deja reposar, no te abandona: te estabiliza para sostener el próximo nivel sin colapsar.

Las manos del Gran Chef no hieren: forman. Sus procesos no consumen: revelan quién eres realmente en Él. Y cuando termina contigo, tu vida no solo tiene sabor, tiene excelencia celestial.

Mise en Place

Cuando el cielo ordena antes de encender el fuego

Antes de que un chef encienda el fogón, llega el momento más sagrado de la cocina: el mise en place. Cada ingrediente se corta, se pesa, se ordena. Cada utensilio encuentra su lugar. Todavía no estamos cocinando, estamos preparando el alma del proceso.

En la Cocina del Cielo también existe un *mise en place* divino. Dios acomoda cada detalle, pone las piezas en su sitio, prepara personas, tiempos y recursos.

Y muchas veces, cuando sentimos que "nada está pasando", Él está haciendo exactamente eso: ordenando lo invisible, lo que no podemos ver ni entender.

El desorden genera ansiedad, pero el orden del cielo trae paz. Cuando todo está en su lugar, el fuego puede encenderse sin caos, sin pérdida y sin confusión.

Porque un corazón en su mise en place está listo para recibir el propósito sin confundirse con el proceso.

Reflexión espiritual

Antes de Dios encender el fuego, Él ordena la cocina de nuestra vida. Coloca cada pieza, relación y oportunidad justo donde debe estar.

Nada está fuera de lugar en Su diseño: ni la pausa, ni la espera, ni la aparente demora.

Cuando no entendemos por qué algo se detiene, por qué alguien se aleja, o por qué una puerta no se abre, quizás estamos viviendo el mise en place del cielo: ese tiempo donde Él acomoda los ingredientes antes de comenzar Su obra.

Génesis 1 lo revela con claridad:

"Y la tierra estaba desordenada y vacía… y dijo Dios: sea la luz."

El orden vino antes de la creación. Así también en nosotros: el Espíritu se mueve primero, limpiando el desorden interno, organizando lo invisible y preparando el ambiente para que Su palabra *"sea"* cobre vida.

El mise en place divino no es pérdida de tiempo: es la garantía de que, cuando el fuego llegue, todo estará listo para el milagro.

El bocado final

Quizás sientes que nada se mueve, que estás rodeado de ingredientes sueltos, sin forma y sin fuego. Pero el Gran Chef está haciendo Su mise en place, en tu vida. Está colocando cada cosa en su sitio: las personas, los tiempos, recursos y detalles invisibles que tú no podrías acomodar por tu cuenta.

Nada está detenido; todo se está preparando.

Cuando Su orden se complete, escucharás el sonido del fuego encendiéndose y sabrás: ha llegado el momento de cocinar propósito.

Hay temporadas en las que Dios no enciende el fuego porque primero organiza la mesa. Cuando el orden divino llega, comienza un nuevo ciclo… y con él, un banquete preparado para Su gloria.

Oración

Señor, prepara mi corazón como preparas Tu cocina. Pon cada cosa en su sitio, ordena mis pensamientos y acomoda mis emociones bajo Tu dirección. Si algo está fuera de lugar, muévelo con Tu mano experta. Si algo falta, provéelo a tiempo. Enséñame a vivir sin prisa, esperando Tu señal para encender el fuego.

Haz de mi vida un espacio ordenado y listo para Tu gloria. Amén.

Frase sazonada

"El silencio de Dios no es ausencia; es Su mise en place."

Receta simbólica: El Mise en Place del cielo

Ingredientes:

- · 1 corazón dispuesto a esperar
- · 3 medidas de paciencia
- · 2 cucharadas de obediencia
- · Una pizca de silencio interior
- · Fe al gusto
- · Un toque de gratitud

Preparación:

1. Limpia tu superficie interior de preocupaciones y apuros.
2. Coloca tus pensamientos, dones y deseos donde Dios los indique.
3. No temas el silencio: es señal de que el Gran Chef está organizando.
4. Permite que el Espíritu Santo acomode cada ingrediente en orden perfecto.
5. Cuando todo esté listo, espera Su "ahora" con el corazón encendido y en paz.

Resultado:

Un alma en orden, lista para ser usada en el tiempo perfecto de Dios. Porque el silencio no es ausencia, es Dios haciendo Su mise en place.

Actividad individual

Ordena la mesa de tu alma

Propósito: experimentar el orden previo que Dios establece antes del fuego.

Instrucciones:

1. Identifica 3 áreas en tu vida que hoy están fuera de lugar (emociones, espacios, relaciones o tareas).

2. Escoge solo una para ordenar hoy.

3. Realiza una acción concreta: limpiar un espacio, mover una fecha, cancelar algo innecesario, clasificar un pendiente.

4. Escribe al final del día:
   "¿Qué movió Dios dentro de mí al poner orden?"

Afilar los cuchillos

Cuando Dios afila el alma

Historia / Metáfora culinaria

Un cuchillo sin afilar, aunque sea caro, hermoso y hecho con el mejor acero, en manos de un chef es casi inservible.

El filo no solo facilita el trabajo: evita accidentes. Un cuchillo sin filo obliga a usar más fuerza, resbala, se desvía y termina cortando donde no debe. Quien no afila, inevitablemente termina herido.

Así también sucede en la vida espiritual: cuando perdemos el filo, tratamos de avanzar con nuestras propias fuerzas. Empujamos procesos que solo podían moverse con gracia, y lo que debía ser ligero se vuelve pesado; lo que debía fluir, se convierte en lucha. Lo que debía ser sencillo se convirtió en difícil.

Por eso, antes de cualquier corte, el chef afila su cuchillo. Es un proceso repetitivo, constante, no de una sola vez. Un cuchillo afilado no es más nuevo, es más efectivo.

Entre los métodos para afilar, mi favorito siempre será la piedra con aceite. Porque es en el roce firme entre la dureza de la piedra y la suavidad del aceite donde ocurre la verdadera transformación.

La piedra representa los procesos que confrontan: las pruebas, la corrección, los silencios de Dios que moldean nuestro carácter.

El aceite representa la unción del Espíritu Santo: la suavidad que evita que el roce se convierta en daño, la gracia que protege mientras el proceso te forma.

Cuando la piedra y el aceite se unen, aparece el equilibrio perfecto: un filo que se perfecciona sin quebrarse; una herramienta que se forma sin perder su esencia.

Pero si se intenta afilar sin el aceite, el cuchillo se daña. El roce seco desgasta el metal, fractura lo invisible y acorta la vida útil. Así también nos pasa cuando intentamos afilarnos sin el Espíritu: perdemos ternura, nos endurecemos, y terminamos cortando donde nunca debimos.

El roce de la piedra nos da forma. El aceite del Espíritu nos da gracia.

Solo juntos logran el equilibrio entre carácter y ternura, fuerza y suavidad, propósito y compasión.

Reflexión espiritual

Hay momentos en los que sentimos el roce de la piedra con fuerza: circunstancias que nos confrontan, silencios que nos inquietan, procesos que parecen demasiado duros.

Pero el Gran Chef no busca rompernos… busca afilarnos.

Sin embargo, cuando intentamos afilarnos solos, cuando dependemos del orgullo, del control, de la autosuficiencia, la fricción nos desgasta, nos endurece y nos vuelve insensibles. El filo se convierte en dureza.

Por eso necesitamos ambos ingredientes divinos: la piedra que forma y el aceite que preserva.

La fricción sin unción, hiere. La unción sin fricción no transforma.

Dios, en Su sabiduría perfecta, combina ambos para hacernos instrumentos que cortan con amor y sirven con precisión.

El bocado final

Un cuchillo sin filo no deja de ser cuchillo. Solo necesita volver a las manos del Chef.

Así también nosotros: seguimos siendo hijos aunque el cansancio, la rutina o el orgullo nos hayan quitado el filo.

El Gran Chef nunca desecha Sus herramientas. Él nos toma con paciencia, nos limpia, nos coloca sobre la piedra de Su verdad y derrama sobre nosotros el aceite que sana y restaura.

Cuando Su aceite toca nuestras heridas, la vida vuelve a brillar.

Afilar no es castigo, es cuidado. Y en la Cocina del Cielo, cada roce forma y cada gota de aceite restaura.

Oración

Señor, gracias porque aunque pierda el filo, sigo siendo una herramienta en tus manos. Gracias porque no me desechas, sino que me tomas con amor para restaurarme.

Pasa mi vida por la piedra de Tu verdad y por el aceite de Tu Espíritu. Afílame donde he perdido enfoque y suavízame donde me he endurecido. Enséñame a permitir Tu proceso sin resistirme al roce ni despreciar la unción. Hazme útil, preciso y lleno de gracia. Que cada corte que dé en esta vida sea guiado por Tu amor, no por mi fuerza, ni mi orgullo, sino por el filo de Tu propósito en mí.
Amén.

Frase sazonada

"El hierro se afila con hierro; yo me afilo en el proceso perfecto del Gran Chef."

Receta simbólica — Filo del cielo

Ingredientes:
- 1 corazón dispuesto a ser trabajado
- 1 piedra de procesos (esa que confronta y pule)
- Aceite del Espíritu Santo (el que suaviza y protege)
- 2 cucharadas de humildad
- Una pizca de silencio para escuchar al Gran Chef
- Paciencia al gusto
- Una toalla de oración para limpiar el exceso de orgullo

Preparación:

1. Coloca tu vida en las manos del Gran Chef y deja que Él decida cuándo y cómo afilarte.
2. No temas el roce de la piedra: los procesos duros no son castigo, son formación.
3. Añade el aceite del Espíritu en cada fricción: sin Él, el filo se daña.
4. Espera en quietud mientras Dios pule las áreas opacas.
5. Sécate con oración, respira... y vuelve al propósito.
6. Recuerda: un cuchillo bien afilado no hace ruido; cumple su función con gracia y precisión.

Resultado:

Un instrumento preparado, sensible a la voz de Dios y listo para servir sin herir. Porque en la Cocina del Cielo... el roce forma, pero el aceite preserva.

Actividad individual

Recupera tu filo

Propósito: permitir que Dios afile lo que se ha desgastado en ti.

Instrucciones:

1. Identifica 5 áreas donde has perdido el filo (enfoque, oración, motivación, disciplina, creatividad).

2. Elige 1 como tu filo del día.

3. Dedica 10 minutos de silencio y oración para que Dios pase Su piedra y Su aceite.

4. Pregunta y escribe:
    "¿Qué parte de mí estás afilando hoy, Señor?"

Cortar

Cuando Dios separa para revelar propósito

Historia / Metáfora culinaria

Cortar bien no se trata de fuerza, sino de precisión. Un chef no corta para destruir; corta para transformar. Un buen corte define el tamaño del bocado, revela textura y permite que cada ingrediente cumpla su propósito en el plato.

Pero aprender a cortar requiere práctica, dominio y, sobre todo, discernimiento.

En la cocina, los ingredientes deben ser separados antes de unirse. Así también en la vida, Dios nos enseña a distinguir lo que debe permanecer y lo que necesita ser apartado.

El corte no siempre duele por lo que quita, sino por lo que revela.

Sin corte no hay orden. Sin cuchillo no hay preparación. Sin separación no hay claridad.

Reflexión espiritual

Dios, como Gran Chef, a veces toma Su cuchillo y corta lo que ya no nos nutre.

Separa lo superficial de lo esencial, lo temporal de lo eterno, lo que estorba de lo que edifica.

Y aunque el corte puede doler, el propósito siempre es amor.

Cortar no es perder: es hacer espacio. Es permitir que el propósito respire sin obstáculos. Es dejar un plato limpio, definido y claro.

Pero para cortar bien, el cuchillo debe estar afilado. Un corazón sin filo corta mal: hiere, juzga o retiene aquello que ya debía soltarse.

Solo un corazón trabajado por el Gran Chef puede discernir con gracia y precisión.

El corte no es castigo. Es preparación.

El bocado final

Quizás hoy sientes que Dios está usando un cuchillo en tu vida. Que algo se rompió, que alguien se fue, o que una parte de ti fue separada.

Pero no es para destruirte. Es para prepararte.

Un chef nunca corta por capricho; siempre corta con propósito. Lo que hoy sientes como pérdida, mañana será parte de un plato perfecto. Lo que hoy arde como herida, mañana tendrá forma, sabor y sentido.

Oración

Señor, enséñame a cortar con amor. Dame sabiduría para discernir lo que debo soltar y valentía para hacerlo sin miedo. No permitas que retenga lo que ya caducó ni que deseche lo que aún tiene propósito. Hazme sensible a Tu dirección y firme en Tus decisiones, para que cada corte en mi vida revele Tu diseño perfecto.
Amén.

Frase sazonada

"El cuchillo de Dios no destruye; prepara."

Receta simbólica — Corte divino

Ingredientes:

- 1 corazón dispuesto a soltar
- 2 cucharadas de obediencia
- Lágrimas honestas (opcionales)
- 1 cuchillo de propósito afilado por el Espíritu
- Hierbas de discernimiento y prudencia
- Un manojo de raíces viejas que deben ser separadas
- Fe suficiente para no temer el filo
- Aceite de gracia para un corte limpio

Preparación:

1. Coloca sobre tu tabla de fe todo lo que estás sosteniendo: relaciones, hábitos, pensamientos y temporadas.
2. Ora antes de cada corte; no todo lo que duele debe eliminarse, y no todo lo que agrada debe quedarse.
3. Con el cuchillo del propósito, separa con amor lo que estorba el crecimiento.
4. No cortes con enojo ni desesperación; cada movimiento guiado por Dios tiene precisión y ternura.
5. Limpia la tabla con perdón después de cada proceso; el rencor contamina el siguiente plato.
6. Unta tus manos con aceite de gracia y agradece, incluso por lo que fue apartado.

Resultado:

Un alma libre de exceso, ligera y lista para recibir nuevos ingredientes.
Porque en la Cocina del Cielo, el corte no destruye: te prepara.

Actividad individual

Haz un corte con propósito

Propósito: discernir lo que debe quedarse y lo que debe separarse.

Instrucciones:

1. Identifica algo que Dios te está pidiendo separar: una emoción, hábito, expectativa o relación.

2. Haz un corte simbólico:

   ◦ borra un contacto,

   ◦ suelta una tarea,

   ◦ deja ir una preocupación,

   ◦ cambia un límite.

3. Escribe al final:
   "¿Qué reveló este corte sobre mí?"

Sazonar

Cuando Dios impregna el alma con Su esencia

Historia / Metáfora culinaria

Un plato puede tener ingredientes perfectos, estar finamente cortado y cocido en el tiempo exacto, pero sin sazón, le falta vida. No puede revelar su esencia.

El sazón es el alma de la cocina. No se mide solo en cucharadas: se siente, se intuye, se equilibra con experiencia y corazón.

Un buen chef sabe que el secreto no está en añadir más, sino en saber cuándo y cuánto.

Así también obra Dios. Después de planificar, preparar y cortar, llega el momento de sazonar el alma.

Él añade gracia donde hubo dolor, paz donde hubo fuego, y esperanza donde hubo silencio. Su toque no se ve, pero se siente. Es el punto invisible donde lo ordinario se vuelve extraordinario.

El sazón es carácter. Es lo que permanece cuando el fuego pasa, lo que da sabor al servicio y distingue a quien ha sido procesado por Dios. El carácter es el aroma que sale de la cocina del alma cuando ha sido bien trabajada.

Reflexión espiritual

Dios nos sazona antes de lanzarnos al fuego de la vida. Su Palabra es la sal que preserva, corrige y da sabor. El Espíritu Santo es el aceite que penetra, suaviza y transforma desde dentro. Y las experiencias pasadas son como hierbas que, con el tiempo, marcan un sabor único en nuestro carácter.

Colosenses 4:6 lo resume con precisión divina:

"Sea vuestra palabra siempre con gracia, sazonada con sal, para que sepáis cómo debéis responder a cada uno."

No hay sazón celestial sin intimidad con Dios. Lo que somos en público es fuego pero lo que somos en secreto es sazón. Y cuando el alma ha sido sazonada por Él, todo lo que toca deja sabor a gracia.

El bocado final

Tal vez sientes que estás en un tiempo donde nada avanza, como carne marinada en adobo. Pero no es pérdida de tiempo: es preparación. Es una fusión interna donde los sabores del cielo se impregnan en tu alma.

Cuando llegue el fuego, lo que Dios depositó en ti se manifestará. Porque sin sazón, la prueba quema; pero con sazón, la prueba revela aroma y sabor.

El sazón de Dios es invisible pero irresistible.

Oración

Señor, permite que Tu Palabra y Tu Espíritu me impregnen. Que mi vida esté tan bien sazonada en Ti, que cuando llegue el fuego, los que me rodean puedan probar de Tu gracia. Amén.

Frase sazonada

"El fuego revela lo que el sazón ya preparó."

Receta simbólica — Sazón del cielo

Ingredientes:

- 1 corazón dispuesto a aprender del fuego
- 2 cucharadas de gratitud genuina
- Un puñado de paciencia
- Sal de la Palabra (al gusto del Espíritu Santo)
- Pimienta de propósito (solo la necesaria)
- Un toque de gozo
- Aceite del Espíritu para suavizar asperezas
- Hierbas de perdón y templanza
- Una pizca de tiempo — secreto de todo buen sabor

Preparación:

1. Limpia tu corazón de amargura; ningún plato absorbe bien si el recipiente está contaminado.
2. En el fuego de las experiencias, deja que la gratitud y la fe liberen su aroma.
3. Agrega la Palabra poco a poco, revolviendo con obediencia.
4. No te apresures; el tiempo y la presencia de Dios equilibran todo.
5. Si el proceso se torna amargo, añade perdón y templanza: restauran el sabor.
6. Prueba tu vida en oración constante; deja que el Espíritu te indique si falta algo.

Resultado:

Un alma sazonada por el cielo: firme, amable, profunda y llena de carácter. Capaz de dar sabor a cada ambiente donde Dios la coloque, sin perder su esencia ni su dulzura.

Actividad Individual

Ajusta tu sabor interior

Propósito: permitir que el Espíritu añada lo que falta.

Instrucciones:

1. Define el "sabor" dominante de tu día (tensión, esperanza, cansancio, gratitud...).
2. Pregúntate:
   "¿Qué sazonador celestial necesito hoy?"
   (paciencia, gozo, perdón, mansedumbre, gracia.)
3. Añádelo mediante un acto práctico: disculpa, descanso, oración, agradecimiento.
4. Cierra escribiendo:
   "¿Cómo cambió mi sabor hoy?"

Emulsión

Cuando Dios une lo que siempre se separa en nosotros

Historia / Metáfora Culinaria

Hay mezclas que, por naturaleza, no deberían unirse jamás. El aceite y el agua son el ejemplo perfecto: puedes agitarlos, sacudirlos o forzarlos... y en cuanto los dejas en reposo, vuelven a separarse.

Pero en la cocina existe un momento casi milagroso: *la emulsión.*

Una emulsión es una técnica culinaria donde dos ingredientes que normalmente nunca se mezclan por ejemplo el agua y el aceite, pero que terminan unidos en una sola preparación. Para lograrlo, el chef no fuerza la mezcla, sino que la guía. Comienza a batir con constancia y añade el ingrediente correcto, ya sea la yema, la mostaza, el ajo o el limón y entonces sucede lo que parecía imposible: dos mundos opuestos se transforman en una crema estable, suave, útil y llena de sabor.

Así también trabaja Dios con nuestras áreas internas. Él toma partes de nuestra vida que siempre se han rechazado entre sí, lo que fuimos y lo que aspiramos a ser, nuestro dolor y nuestra fe, nuestras fallas y Su gracia y añade Su presencia como el agente que estabiliza. Con paciencia divina, mueve, integra, repite y sostiene hasta que lo que antes se separaba se hace uno.

Y descubrimos que, en Sus manos, incluso aquello que parecía incompatible puede convertirse en propósito, belleza y transformación. La estabilidad nace del batido, la unión nace del agente, y la belleza nace de la paciencia.

Así también es nuestra vida espiritual. Dentro de nosotros conviven dos naturalezas: la carne y el espíritu. Lo pesado y lo ligero. Lo humano y lo divino. Lo que quiero hacer y lo que termino haciendo.

Pablo lo dijo sin filtros en Romanos 7:19:

"No hago el bien que quiero, sino el mal que no quiero."

Somos aceite y agua en el mismo envase. Por eso nos sentimos inestables, divididos, "separados por dentro". Pero entonces entra el Gran Chef. Él introduce el agente emulsificante del Espíritu Santo, y comienza a batir nuestra vida con ritmo firme, con dirección precisa y con amor constante. Y eso que siempre se separaba en nosotros, de pronto comienza a unirse.

La emulsión divina no elimina la batalla interna, la estabiliza.

Dios no destruye ninguna de tus naturalezas, por el contrario, las integra para que trabajen juntas bajo Su dirección.

Reflexión espiritual

Hay días en que te sientes inconstante, como si dentro de ti hubiera dos voces, dos direcciones, dos fuerzas. Pero eso no te hace malo, débil ni roto: te hace humano y vivo.

La batalla interna es señal de que el Espíritu está presente. Los muertos no batallan; los vivos sí.

Gálatas 5:17 lo explica:

"La carne desea lo contrario al Espíritu…
pero si sois guiados por el Espíritu, no estáis bajo la ley."

Cuando Dios emulsiona tu vida: tu carácter se une a tu propósito, tu fe se une a tu humanidad, tu pasado se une a tu llamado y tu debilidad se une a Su fuerza.

No es magia. Es cocina celestial: batida precisa, Espíritu Santo añadido gota a gota, y un Chef que no se rinde hasta lograr estabilidad.

Él no busca eliminar tu humanidad: busca integrarla a Su diseño. La emulsión del cielo produce una vida coherente, útil, estable.

El bocado final

Si hoy sientes que estás separado por dentro, como una mezcla que no termina de unirse… no te castigues.

La separación no significa fracaso; significa que aún no se ha completado la emulsión.

Dios está batiendo tu alma, añadiendo Su Espíritu poco a poco, estabilizando lo que dentro de ti siempre fue opuesto. Y cuando Él termine, verás algo hermoso: tu carne obedecerá la voz del espíritu, tu espíritu influirá sobre tus hábitos, y tu vida tendrá un sabor firme, maduro y suave.

Eres una emulsión divina en proceso.

Oración

Señor, mezcla dentro de mí lo que siempre ha estado dividido. Une mi carne con mi espíritu bajo Tu dirección. Estabiliza mis emociones, mis deseos y mis decisiones. Usa Tu Espíritu Santo como el agente que une lo imposible, y haz de mí una vida coherente, integrada y llena de propósito.
Amén.

Frase sazonada

"Donde yo me separo, Dios me emulsiona."

Receta simbólica — Aioli del Espíritu

Ingredientes:

- 1 corazón honesto con luchas reales
- 1 yema de identidad en Cristo
- Aceite de emociones humanas
- Agua de propósito espiritual
- Limón de arrepentimiento sincero
- Paciencia del Gran Chef
- Espíritu Santo como agente unificador

Preparación:

1. Reconoce tus dos naturalezas sin vergüenza ni culpa.
2. Colócalas juntas en el tazón del propósito de Dios.
3. Permite que Él bata tu vida con ritmo firme y tierno.
4. Añade Su Espíritu poco a poco; Él es la clave de la estabilidad.
5. Si tu mezcla "se corta", no te desesperes: Dios la puede corregir.
6. Permanece en Sus manos hasta que lo incompatible se vuelva unidad.

Resultado:

Una vida integrada, estable y alineada al propósito:
carne y espíritu unidos bajo la mano perfecta del Gran Chef.

Actividad Individual

Déjate batir por el Espíritu

Propósito: experimentar la unidad divina dentro de ti.

Instrucciones:

1. Identifica dos áreas que hoy están en tensión dentro de ti (carne vs espíritu).

2. Escríbelas sin juicio, como ingredientes que necesitan ser mezclados.

3. Ora diciendo:
    "Señor, emulsiona mi vida. Une lo que en mí siempre se separa."

4. Observa tu día y registra al final:
    "¿Dónde sentí hoy estabilidad espiritual?"

Caramelización

Transformar lo amargo en dulce bajo el fuego correcto

Historia / Metáfora Culinaria

La caramelización es una de las transformaciones más bellas de la cocina. Un ingrediente simple, como azúcar, cebolla o frutas, cambia por completo cuando toca el fuego correcto. No se añade nada nuevo: la dulzura ya estaba ahí... solo necesitaba ser despertada por el calor.

Primero, el ingrediente parece resistirse. Burbujas, espuma, cambio de color. El proceso avanza de claro a dorado, de dorado a ámbar. Pero un fuego demasiado alto lo quema, y un fuego demasiado bajo no lo transforma. Se necesita una llama constante, paciente y firme.

Las cebollas caramelizadas no empiezan dulces. Empiezan fuertes, intensas, hasta incómodas para algunos. Pero cuando se entregan al fuego lento, su dureza se ablanda, su sabor se vuelve profundo, suave, irresistible.

Así también el alma. Lo que en ti parecía amargo, Dios lo convierte en dulzura. Lo que parecía duro, Él lo ablanda. Lo que te avergonzaba, Él lo transforma en belleza. La caramelización es el milagro silencioso del fuego controlado: un proceso donde el calor no te destruye, te despierta con gracia.

Reflexión espiritual

Dios carameliza zonas de nuestra vida que parecían imposibles de transformar. No cambia nuestra esencia: revela la dulzura que ya depositó en nosotros.

Romanos 8:28 lo recuerda:

"A los que aman a Dios, todas las cosas les ayudan a bien."

Hasta lo amargo puede volverse dulce en Sus manos.

La caramelización espiritual ocurre cuando: entregamos al fuego las áreas que nos duelen, permanecemos en el calor sin huir, permitimos que el tiempo de Dios haga su obra y dejamos que el Espíritu Santo suavice nuestra dureza.

Cuando Dios te carameliza, no es para quemarte. Es para que tu vida libere un aroma que atraiga, una dulzura que impacte, y una profundidad que solo el fuego del cielo puede producir.

El bocado final

Es posible que hay cosas en tu vida que te saben amargas. Tal vez hay memorias, heridas, temporadas que "pican" como la cebolla cruda.

Pero escúchame: Lo que ahora duele, Dios lo puede convertir en dulzura eterna. Nada se desperdicia en Sus manos. La caramelización no borra tu historia: la transforma en algo hermoso, profundo y lleno de gracia.

El fuego no es para castigarte, sino para suavizarte, para despertar lo mejor de ti, para revelar la dulzura que el cielo ya sembró.

Oración

Señor, toma mis áreas amargas y ponlas en el fuego de Tu presencia. Carameliza mis recuerdos, mis heridas y mis procesos, hasta que la dulzura de Tu gracia brote de lo que antes dolía. Enséñame a permanecer en el fuego correcto, sin temor, sin prisa, sin huir. Haz de mi vida un aroma que atraiga y un sabor que revele Tu amor.
Amén.

Frase sazonada

"Lo que el fuego de Dios toca, deja de ser amargo y comienza a brillar."

Receta simbólica: Caramelización del cielo

Ingredientes:

- 1 corazón dispuesto a soltar amarguras
- 2 tazas de paciencia bajo el fuego divino
- Un puñado de memorias que necesitan redención
- Aceite del Espíritu Santo para evitar quemaduras
- Gratitud al gusto
- Tiempo (el ingrediente que nunca puede faltar)
- Un fuego suave de presencia constante

Preparación:

1. Coloca tu corazón en la sartén caliente de la presencia de Dios.
2. Añade tus memorias duras y tus emociones intensas.
3. Permite que el fuego de Dios las toque lentamente.
4. No huyas del calor: ahí es donde ocurre la transformación.
5. Mezcla suavemente con gratitud; la gratitud acelera la dulzura.
6. Espera a que la presencia del Espíritu suavice lo que antes era duro.
7. Observa cómo lo que parecía amargo empieza a cambiar de color y aroma.

Resultado:

Un alma transformada, suave, profunda y con una dulzura que solo proviene del cielo. Porque la caramelización divina no destruye: revela la gloria escondida en tu historia.

Actividad individual

Entrega lo amargo al fuego de Dios

Propósito: transformar heridas o memorias en dulzura espiritual.

Instrucciones:

1. Escribe una situación o memoria que aún te sabe amarga.

2. Entrégala a Dios en oración por 5 minutos.

3. Declara:
   "Carameliza esto, Señor. Despliega la dulzura que sembraste en mí."

4. Registra al finalizar el día:
   ¿Qué cambió en mi corazón?"

Sous Vide

Procesado en secreto, sellado en gracia

Historia / Metáfora culinaria

El proceso *Sous Vide* parece extraño para quienes nunca lo han visto: se sella un alimento herméticamente, se coloca en agua caliente a una temperatura constante y baja, y se deja ahí por horas... a veces, por días.

Por fuera, pareciera que nada ocurre. No hay burbujas, no hay sonido, no hay drama. Pero dentro de esa bolsa sellada, donde no puede entrar ni salir nada, está ocurriendo una transformación perfecta. Cada fibra se ablanda, cada molécula se ordena, cada sabor se intensifica sin perder su esencia.

El agua nunca hierve, pero nunca se detiene. Es constancia pura. Un calor que abraza, no quema. Un fuego que transforma en silencio.

La belleza del *Sous Vide* es que revela lo que es posible cuando el calor es preciso y el ambiente está totalmente controlado. Nada entra para contaminar, nada sale para diluir.

Y cuando por fin la bolsa se abre, lo que era común se convierte en algo tierno, uniforme, perfecto, como si hubiera sido procesado con manos invisibles.

Así también obra Dios. Hay temporadas donde Él nos sella: nos aparta, nos encierra en procesos silenciosos, sin aplausos, sin visibilidad, sin ruido. Parece que "nada está pasando", pero es ahí donde pasa todo.

El *Sous Vide* del cielo no aísla, **refina**.

Reflexión espiritual

A veces Dios nos pone en procesos donde no vemos resultados inmediatos. No se siente fuego fuerte ni emoción profunda. Es un calor constante, suave, paciente, ese calor que no hiere, pero que sana.

Podemos sentirnos olvidados, escondidos, congelados en una temporada que no termina. Pero como en el *Sous Vide*, el secreto está en la constancia del Chef, no en la intensidad del fuego.

Dios trabaja profundo cuando parece que trabaja lento. Él perfecciona cuando creemos que estamos detenidos. Él ablanda áreas que nosotros endurecemos con prisa.

Isaías 30:15 lo confirma:

"En descanso y en reposo seréis salvos;
en quietud y en confianza estará vuestra fortaleza."

La quietud no es pausa. Es proceso. Es transformación sellada. Cuando Dios cierra la bolsa, no es para aislarnos del mundo, es para aislarnos del ruido que estorbaba Su obra.

En el *Sous Vide* espiritual, Dios hace lo que el fuego fuerte no puede: transformación sin ruptura, cambio sin daño, ternura sin pérdida.

El bocado final

Tal vez estás en una temporada de silencio, sin avances visibles, sin emociones intensas, sin puertas abiertas.

No huyas del proceso. Estás en el *Sous Vide* del cielo.

Lo que hoy parece aislamiento, mañana será ternura espiritual. Lo que hoy parece detención, mañana será perfección en cada detalle.

Cuando el Gran Chef abra tu proceso, verás que nada fue en vano. Él estaba obrando constante, suave, silencioso, pero profundamente.

Lo que sale del *Sous Vide* nunca vuelve igual: sale más tierno, más sabroso, más listo para el propósito.

Oración

Señor, gracias por los procesos sellados. Cuando no entiendo el silencio, enséñame a confiar en Tu constancia. Cuando no veo fuego fuerte, recuérdame que Tu calor suave transforma más profundo que cualquier tormenta. Permite que mi corazón se ablande en Tu presencia, que mis fibras internas se alineen con Tu voluntad, y que mi vida revele la perfección que solo Tu proceso puede producir.
Amén.

Frase sazonada

"El silencio de Dios no es ausencia; es Su fuego más preciso."

Receta simbólica: Sous Vide del cielo

Ingredientes:

- 1 alma dispuesta a ser sellada por Dios
- 1 bolsa de obediencia total
- Agua de procesos continuos
- Temperatura constante de presencia divina
- Gotas de paciencia profunda
- Fe que no necesita ver para confiar

Preparación:

1. Entrégale al Gran Chef las áreas de tu vida que necesitan transformación sin ruptura.
2. Permite que Él selle ese proceso, sin interferencias ni contaminación del ruido externo.
3. Sumérgete en el agua tibia de Su presencia constante.
4. No busques emociones fuertes; busca constancia.
5. Espera... mientras Él transforma lo que tú no puedes tocar.
6. Cuando llegue el tiempo, Él abrirá la bolsa y revelará Su obra perfecta en ti.

Resultado:

Un alma tierna, pulida, fortalecida desde adentro, lista para servir con excelencia en la mesa del propósito de Dios.

Actividad individual

Permanece sellado en Su presencia

Propósito: abrazar los procesos silenciosos.

Instrucciones:

1. Identifica un área donde parece que nada sucede.
2. Escríbela en tu journal como:
    "Sellado por Dios".
3. No intentes resolver nada hoy; solo permanece.
4. Medita:
    "¿Qué está ablandando Dios en mí con este silencio?"

Permanece sellado en Su presencia

Hervir

Cuando el fuego revela lo que estaba oculto

Historia / Metáfora culinaria

Preparar un consomé, que es un caldo claro, refinado y profundamente concentrado, es uno de los procesos más delicados de la alta cocina. No se trata solo de hervir: se trata de purificar.

El fuego debe mantenerse constante: ni demasiado alto para no enturbiar, ni demasiado bajo para no detener la transformación.

Todo chef sabe que un consomé no se deja solo. Requiere presencia, paciencia y atención. Hay que observar cómo suben las impurezas, retirarlas con suavidad, y permitir que el calor revele la claridad del líquido.

Así también trabaja Dios. Él no tiene prisa en los procesos donde el alma necesita hervir despacio. Mantiene el fuego encendido con amor constante, mientras quita lo que enturbia nuestra fe, hasta que lo que queda es transparente, puro y lleno de esencia.

Lo que en la olla parece lento, en la alta cocina del cielo es precisión.

Porque en el hervor de la vida, Dios no busca apresurarte, sino refinarte hasta que tu esencia sea clara y digna de servir.

Reflexión espiritual

Cuando Dios permite el fuego de las pruebas, lo escondido empieza a salir: heridas, orgullo, temores, envidias.

El hervor no crea el problema: lo expone.

Y cuando lo oculto sube a la superficie, no es señal de condena: es oportunidad. Dios no expone para avergonzarte, sino para limpiarte. Él retira con ternura aquello que enturbia el alma, hasta que tu fe queda clara, profunda y llena de sabor.

Como dice 1 Pedro 1:7:

"Para que sometida a prueba vuestra fe, mucho más preciosa que el oro...
se hallada en alabanza, gloria y honra cuando sea manifestado Jesucristo."

El fuego no viene para destruirte. Viene para purificarte.

Porque en la alta cocina del cielo, el hervor no es castigo:
es el arte con el que Dios revela tu esencia.

El bocado final

Tal vez hoy sientes que estás en agua hirviendo: todo se mueve, todo arde, todo incomoda.

Pero no temas. Esa espuma que ves salir no es tu condena: es tu oportunidad. Dios está retirando lo que sobra para dejarte más puro, más fuerte y más lleno del sabor del cielo. El hervor duele, pero te limpia.

Oración

Señor, gracias por el fuego que purifica. Aunque arda, confío en que lo usas para sacar de mí lo que no edifica y dejarme lista para tu mesa. Refíname hasta que mi alma sea como un consomé: con esencia, pureza y transparencia. Que en mí no queden impurezas, sino profundidad de sabor, claridad en la fe y fragancia de obediencia. Mantén mi fuego constante, Señor, hasta que lo que salga de mí refleje solo Tu amor.
Amén.

Frase sazonada

"El fuego no inventa impurezas; las revela para limpiarlas."

Receta simbólica — Consomé del cielo

Ingredientes:
- 1 corazón dispuesto a esperar
- 2 manos rendidas al proceso
- 1 cucharada de humildad diaria
- Huesos de experiencias pasadas
- Agua de oración constante
- Hierbas de paciencia y gratitud
- Un toque de sal de la Palabra
- Fuego de perseverancia
- Y la mirada atenta del Gran Chef

Preparación:
1. Coloca todo en la olla de la fe.
2. Cubre con agua de oración y permite que el fuego divino comience su obra.
3. No te apresures; el hervor lento desprende lo esencial de lo duro.
4. Cuando suban las impurezas —orgullo, queja, impaciencia— retíralas con ternura, no con culpa.
5. Permite que el calor constante y la mirada amorosa del Gran Chef mantengan la temperatura justa.
6. Espera... hasta que el alma quede transparente, profunda y pura.

Resultado:
Un consomé celestial: claro, limpio, lleno de esencia
y preparado para nutrir a otros con su sabor.

Actividad Individual

Retira la espuma con gracia

Propósito: dejar que Dios exponga y limpie las impurezas internas.

Instrucciones:

1. Observa qué "impureza" surgió hoy (queja, temor, orgullo, ira).

2. Escríbela sin culpa.

3. En oración, entrégala como si la retiraras con una espumadera.

4. Finaliza con:
   "Señor, deja mi alma clara como Tu consomé."

Cocción lenta

El fuego bajo donde Dios transforma la esencia

Historia / Metáfora culinaria

Los mejores guisos no se hacen en quince minutos. Las habichuelas que hierven despacio, el sancocho que burbujea por horas, la carne que se ablanda a fuego bajo... todo toma tiempo.

La cocción lenta desarrolla un sabor que no se logra con prisa. Cada ingrediente suelta lo mejor de sí y se une con los demás hasta crear algo inolvidable. En la cocina, el fuego bajo es sinónimo de paciencia y perfección.

Un buen sancocho requiere orden y confianza en el proceso. Primero se ablandan las patitas de cerdo: ese hervor paciente libera el colágeno que dará cuerpo al caldo. Luego se sofríen los vegetales con aceite y sofrito; se añaden los garbanzos, las especias, la carne, el maíz y la zanahoria. Después se incorpora el caldo espeso y se termina con aceitunas y las verduras que dan color y frescura.

Nada se hace fuera de tiempo. Cada paso tiene su momento exacto, y si intentas adelantar el proceso, el sabor se pierde.

Así también obra Dios. Hay promesas que necesitan cocción lenta. Mientras nosotros queremos resultados rápidos, Él permite que los ingredientes del alma se integren, que la fe se ablande, y que el carácter suelte su mejor sabor.

El fuego bajo de Dios no es olvido: es perfección en proceso.

Reflexión espiritual

Nosotros queremos microondas... pero Dios prefiere olla de barro.

Un sueño necesita tiempo para madurar. Un carácter necesita fuego bajo para ablandarse. Un propósito requiere procesos largos para tomar profundidad.

Eclesiastés 3:11 lo declara:

"Todo lo hizo hermoso en su tiempo."

Si aceleras el guiso, lo arruinas. Si aceleras el plan de Dios, corres el riesgo de dañar lo que Él preparaba perfecto para ti.

La paciencia no es pasividad: es la fe que confía mientras el fuego sigue encendido. Y cuando el tiempo de Dios se cumple, todo queda en su punto: tierno, sabroso y lleno de propósito.

El bocado final

Tal vez sientes que tu vida no avanza, que los demás ya sirvieron su plato y tú todavía estás en la olla.

Pero recuerda: el sancocho no tiene prisa; espera pacientemente mientras el Chef dirige el proceso, añadiendo en el tiempo perfecto todo lo que realzará el guiso.

Lo que se cocina lento tiene un sabor que nunca se olvida.

Dios no te ha dejado al fuego por descuido; te tiene ahí porque está concentrando tu esencia, mezclando tus dones y preparando algo que solo puede lograrse con tiempo y paciencia.

Espera. Confía. El banquete se acerca. Y cuando llegue, nadie podrá negar la profundidad del sabor que Su fuego dejó en ti.

Oración

Señor, enséñame a no correr más rápido que Tu tiempo. Dame paciencia para permanecer en Tu fuego lento hasta que mi vida tenga el sabor perfecto de Tu obra.
Amén.

Frase sazonada

"Lo que se cocina lento en Dios, conserva el sabor eterno de Su propósito."

Receta simbólica — Sancocho del cielo

Ingredientes:

- 1 corazón dispuesto a esperar
- 2 tazas de fe constante
- 1 manojo de sueños sin apuro
- Huesos de experiencias pasadas (para dar profundidad al caldo)
- Sofrito de oración diaria
- Aceite de esperanza (unas gotas bastan)
- Garbanzos de gratitud
- Zanahorias de alegría
- Maíz de promesa
- Sal de la Palabra, al gusto del Espíritu Santo

Preparación:

1. Coloca tu vida en la olla del propósito de Dios.
2. Deja que el fuego bajo del tiempo refine tu carácter.
3. Añade la oración y la gratitud como sofrito: son el aroma del alma en proceso.
4. No te apresures a destapar la olla; cada ingrediente tiene su momento para liberar sabor.
5. Si sientes que nada se mueve, recuerda: el calor invisible también cocina.
6. Permite que el Gran Chef añada, en Su tiempo, nuevos ingredientes: personas, oportunidades, lecciones.
7. Espera hasta que la paciencia espese el guiso y la fe lo perfume todo.

Resultado:

Un alma tierna, profunda y llena de sabor a propósito. Porque lo que se cocina lento en Dios, conserva el sabor eterno de Su plan.

Actividad Individual

Permanece bajo el fuego suave

Propósito: aprender a amar el proceso sin prisa.

Instrucciones:

1. Identifica algo que quieres que Dios acelere.

2. Di en voz alta:
   "No mi tiempo, sino el tuyo."

3. Haz hoy un acto pequeño que refleje paciencia: esperar, escuchar, posponer, descansar.

4. Escribe:
   "¿Qué sabor dejó hoy el fuego lento?"

Cocción a presión

Fe concentrada en el fuego del propósito

Historia / Metáfora culinaria

Una olla de presión puede intimidar: ruge, silba, expulsa vapor, y por momentos parece fuera de control.

Pero todo chef experimentado sabe la verdad: no es una enemiga, es una gran aliada. Lo que tardaría horas, bajo presión se ablanda en minutos.

La clave no está en evitar la presión, sino en confiar en el cierre perfecto.

Demasiado apretada, estalla. Demasiado floja, se escapa el vapor y nada se transforma.

Dentro de esa olla el fuego no se ve, pero se siente. La carne se ablanda, los sabores se concentran, y algo duro se vuelve tierno, aromático y lleno de propósito.

Así también obra Dios. A veces nos coloca en "ollas de presión": temporadas donde el calor es intenso, donde todo aprieta, y donde el único escape aparente es rendirse.

Pero Él no permite la presión para destruirnos, sino para acelerar lo que ya está listo para transformarse.

Reflexión espiritual

La presión es la escuela de una fe madura. El corazón que aprende a confiar ahí descubre que el fuego interno del Espíritu hace más por nosotros en una temporada corta de prueba que años enteros de comodidad.

2 Corintios 4:8–9 lo expresa con precisión divina:

"Atribulados en todo, pero no angustiados;
en apuros, pero no desesperados;
perseguidos, pero no desamparados;
derribados, pero no destruidos."

Cuando el alma se siente encerrada, Dios está concentrando el sabor de Su obra.

Él no desperdicia ni el calor ni el vapor. Cada minuto de presión tiene intención, cada silbido tiene propósito, cada cierre tiene diseño. Y cuando el silbido se detiene, lo que sale de esa olla es más tierno, más sabio, más sabroso.

El diamante se forma bajo presión. El discípulo también.

El bocado final

Tal vez estás en una temporada donde sientes que la vida te aprieta. Donde tus oraciones chocan con las paredes de la olla y el vapor del cansancio nubla tu visión.

No temas. Dios no perdió el control del fuego. Está sellando tu proceso, concentrando tu fe, suavizando tu carácter y fortaleciendo tu propósito.

Saldrás diferente. Más lleno de gracia. Más ligero. Más fuerte. Más vivo. Más tú... pero transformado.

Oración

Señor, gracias por las temporadas de presión. Aunque me asusten, sé que Tú vigilas el fuego. No permitas que me rompa antes de tiempo ni que me escape antes de aprender. Haz que cada presión revele lo que sembraste en mí, hasta que mi vida tenga el aroma de Tu propósito y la ternura de Tu gracia. Amén.

Frase sazonada

"La presión del cielo no te rompe; te concentra."

Receta simbólica — Fe a presión del Espíritu

Ingredientes:
- 1 corazón resistente pero dispuesto
- Gotas de paciencia sostenida
- Vapor de oración constante
- Fuego de circunstancias difíciles
- La mano del Gran Chef vigilando el tiempo

Preparación:
1. Coloca tu corazón en la olla del proceso divino.
2. Añade oración y paciencia; sin ellas, la presión se vuelve caos.
3. Cierra la tapa con obediencia
   y deja que el fuego haga su trabajo.
4. Cuando el silbido del Espíritu anuncie "ya es tiempo", deja que el Chef libere la presión con cuidado.
5. Abre la tapa y descubre que lo que parecía duro ahora está tierno, útil y lleno de sabor.

Resultado:
Un alma ablandada, sabia y lista para alimentar a otros con el testimonio de su proceso.

Actividad Individual

Respira dentro de la olla de Dios

Propósito: manejar la presión espiritual sin huir.

Instrucciones:

1. Identifica la presión dominante de tu día.

2. Ora 2 minutos diciendo:
   "Señor, no permitas que me rompa ni que me escape antes de tiempo."

3. Escribe qué está "ablandando" Dios con esta presión.

4. Cierra con:
   "¿Qué sabor salió hoy del fuego intenso?"

Cocinar a la parrilla

Donde las brasas imprimen carácter

Historia / Metáfora culinaria

La parrilla no es un espectáculo de llamas altas, sino un arte de brasas constantes.

La llama impresiona, pero la brasa transforma.

El buen asado requiere distancia correcta del fuego, volteos en el momento preciso, no aplastar la carne para que no pierda sus jugos, y un tiempo de reposo final para que el sabor se asiente y no se reseque.

Las marcas de la parrilla no son quemaduras caprichosas; son el sello de un calor cercano, paciente y uniforme. El humo perfuma sin verse, y el oxígeno correcto mantiene vivas las brasas sin descontrolarlas.

Así también el alma: no necesita llamaradas del impulso, sino brasas de presencia constante. Dios no "chamusca" con prisa; nos acerca firmemente a Su calor hasta imprimir Su carácter.

Un filete o un pollo a la parrilla tiene algo inconfundible: sus marcas. Esas líneas oscuras, esas cicatrices que deja el hierro caliente, no son defecto: son testimonio.

En la cocina, las marcas de la parrilla cuentan una historia:

Esto estuvo en contacto con el fuego.

Reflexión espiritual

Así también en nuestra vida. Las cicatrices no son señal de derrota, son evidencia de supervivencia.

Las marcas que deja el fuego espiritual revelan que pasaste por algo real y que Dios te sostuvo. El sabor ahumado de tu historia atrae a otros, porque saben que lo que cuentas no es teoría, sino experiencia vivida al calor del fuego divino.

Pablo lo expresó en 2 Corintios 4:10:

"Llevamos en el cuerpo siempre, por todas partes, la muerte de Jesús,
para que también la vida de Jesús se manifieste en nuestros cuerpos."

El fuego de la parrilla no te destruye: te marca con propósito.

El bocado final

Quizás hoy miras tus cicatrices con vergüenza: heridas del pasado, pérdidas, fracasos, decepciones. Pero escucha: esas marcas son la parrilla de Dios en ti.

Y cada una dice: "Aquí hubo fuego. Aquí hubo dolor. Pero aquí también hubo victoria." No escondas tus marcas. Muéstralas. Lo que antes fue señal de sufrimiento ahora es un testimonio que alimenta a otros.

Las marcas del fuego cuentan tu historia y revelan Su gloria.

Oración

Señor, gracias por mis cicatrices. Gracias porque lo que pudo destruirme ahora es evidencia de Tu fidelidad. Que cada marca en mi vida sea una huella de Tu amor, un recordatorio de que el fuego no me consumió, sino que me transformó.
Amén.

Frase sazonada

"El fuego de Dios no borra tu historia: la marca con propósito."

Receta simbólica — Parrilla del cielo

Ingredientes:
- Brasas de procesos divinos
- 1 corazón dispuesto a acercarse al fuego
- Sal de la Palabra para sellar propósito
- Aceite del Espíritu para evitar amargura
- Pinzas de obediencia (para voltear a tiempo)
- Aire del Espíritu (que aviva sin descontrolar)
- Paciencia al gusto del Chef del Cielo

Preparación:

1. Prepara las brasas con tiempo: la prisa apaga lo que la paciencia enciende.
2. Coloca tu vida cerca del fuego, no para destruirte, sino para marcarte.
3. Sella tu propósito con Palabra y un toque de obediencia; el calor constante fija la identidad.
4. No aplastes tu proceso con ansiedad; conserva los jugos de la gracia.
5. Deja que el humo del testimonio suba: no todos verán tu proceso, pero sentirán tu aroma.
6. Cuando el Gran Chef diga "basta de fuego", reposa en Su presencia. Ahí el sabor se asienta, y las marcas se vuelven gloria.

Resultado:

Un alma marcada por Dios, con sabor a fidelidad, aroma a redención y textura de carácter. Porque la llama impresiona, pero la brasa transforma.

Actividad Individual

Observa tus marcas con amor

Propósito: reconciliarte con tus cicatrices espirituales.

Instrucciones:

1. Escribe una marca de tu historia que aún te duele.

2. Dile a Dios:
   "Marca esto con propósito, no con dolor."

3. Haz algo que honre esa cicatriz: hablar del testimonio, agradecer, perdonar.

4. Escribe:
   "¿Qué aroma salió hoy de mi historia?"

Hornear

La quietud de trabajo que Dios hace en lo secreto

Historia / Metáfora culinaria

En la cocina, hornear es un acto de fe. Uno mezcla ingredientes secos y húmedos, harina, huevos, azúcar, aceite, los une con cuidado, los vierte en un molde y los entrega a un horno que no se abre hasta que el tiempo lo indique.

No hay ruido. No hay movimiento. Solo el trabajo invisible del calor. Mientras parece que nada ocurre, dentro del horno está sucediendo todo: la masa se eleva, toma forma, desarrolla color y libera aroma.

Un buen pastel depende de tres cosas: la temperatura correcta, el tiempo preciso y la confianza del chef. Si abres el horno antes de tiempo, colapsa. Si lo dejas tiempo de más, se reseca.

Algo que nunca olvidé es lo que me enseñó mami, una repostera por pasión: un buen bizcocho no se juzga solo por el tiempo, sino por el olor. "El pastel te avisa cuando está listo", decía. Y tenía razón. Decía los que llevamos mucho tiempo honrando pasteles podemos reconocer el olor de cuando ya está listo.

El olfato se vuelve discernimiento: uno aprende a reconocer el instante en que el aroma anuncia que el proceso cumplió su propósito.

Así también en la vida espiritual: quien camina con Dios desarrolla olfato del cielo. Hay momentos donde el alma también huele a listo.

Reflexión espiritual

Dios también nos mete en hornos donde no vemos nada y todo parece silencio. El calor es intenso, pero es necesario para activar lo que estaba latente en nosotros. Afuera del horno parece que nada pasa, pero adentro estamos creciendo, levantándonos, tomando forma según Su diseño.

Daniel 3:27 lo ilustra con poder:

"El fuego no tuvo poder alguno sobre sus cuerpos...
sus ropas estaban intactas,
y ni siquiera olor de fuego tenían."

En el horno de Dios no te quemas: **te perfeccionas.**

El bocado final

Tal vez hoy te sientes dentro de un horno: rodeado de fuego, en silencio, sin salida visible.

Pero escucha: el Gran Chef no se olvida del pastel que Él mismo preparó.

El horno no es abandono, es transformación. Cuando llegue el tiempo perfecto, Dios abrirá la puerta y verás que no eres masa cruda, eres un pastel listo para celebrar Su fidelidad.

Tu proceso no fue en vano: ahora desprendes el aroma dulce de lo que el cielo horneó con amor y propósito.

Oración

Señor, aunque no entienda el horno, confío en que estás cerca, vigilando mi proceso. Mezcla con cuidado mis áreas secas con las áreas empapadas de Ti hasta que mi vida tenga la textura perfecta de Tu propósito. Hazme crecer, levantar y convertirme en postre que muestre que el horno no quema revela la dulzura de Tu gloria. Amén.

Frase Sazonada

"El horno no destruye; revela tu esencia."

Receta Simbólica — Bizcocho del Cielo

Ingredientes:

- 1 corazón rendido al proceso
- 2 tazas de fe en el tiempo de Dios
- 1 medida de obediencia (sin sustituciones)
- 3 cucharadas de esperanza constante
- 1 pizca de quebranto (para textura real)
- Aceite del Espíritu para suavizar el alma
- Azúcar de gratitud
- Harina de Palabra viva
- Polvo de promesas (para levantar en el horno)
- Una gota de paciencia infinita

Preparación:

1. En el tazón del propósito, combina la fe con la obediencia.
2. Agrega la gratitud y la esperanza; mezcla hasta disipar los grumos de queja.
3. Incorpora tus áreas secas y permite que el Espíritu Santo derrame Su aceite hasta lograr una masa flexible y rendida.
4. Engrasa tu molde con gracia y viértete por completo, sin reservas.
5. El Gran Chef te colocará en el horno de Su amor. No temas el calor: ahí ocurre la transformación.
6. No abras la puerta antes de tiempo; el aroma te avisará cuando el propósito esté cumplido.
7. Cuando el Gran Chef abra el horno, deja que el olor de Su gloria se esparza.

Resultado:

Un alma dorada por la paciencia, esponjosa de fe y dulce con el sabor eterno de Su gloria. Porque el horno del cielo no te quema, *te revela*.

Actividad Individual

Reconoce tu proceso a fuego lento

Propósito:
Aceptar que el horno de Dios no acelera, sino perfecciona.

Instrucciones:

1. Escribe una situación actual que sientes que Dios tiene "en el horno".

2. Anota tres emociones que este proceso ha despertado en ti.

3. Escribe cómo crees que Dios está usando este "fuego" para madurar tu carácter.

4. Completa esta frase:
   "Señor, aunque no veo el final, confío en que este fuego me está formando."

5. Cierra el día reflexionando:
   "¿Qué resultado quiere el Gran Chef producir en mí a través de este horneado?"

Temperado

Calor que forma brillo sin quebrarte

Historia / Metáfora culinaria

De todas las técnicas de la repostería, una de las más delicadas es el temperado del chocolate. No es solo derretirlo; es dominar el calor.

Cuando el chocolate se calienta demasiado: se *quema*, se *amarga*, pierde estructura. Cuando se calienta demasiado poco: se *endurece*, se *nubla*, no *brilla* y se quiebra al menor toque.

Pero cuando el chef lo calienta a la temperatura exacta, luego lo enfría justo lo necesario, y finalmente lo sube de nuevo al punto perfecto, el chocolate se transforma: brilla, se estabiliza, se moldea con belleza, y adquiere una firmeza suave que se derrite en la boca pero no se quiebra en las manos.

El temperado no es magia: es ciencia y paciencia. Un juego perfecto entre calor, frío y tiempo.

Demasiado fuego te rompe. Demasiado frío te endurece. La combinación correcta te perfecciona.

Y así también es el proceso del cielo.

Dios no nos cocina al azar. Él controla nuestro calor. Sabe cuándo subirlo, cuándo bajarlo, y cuándo mantenerlo. Cada cambio de temperatura en tu vida no ha sido accidente: ha sido tempering espiritual.

El Gran Chef no quiere que te amargues por el exceso de fuego, ni que te enfríes por temporadas de quietud, ni que te quiebres ante cualquier presión.

Él quiere que brilles, que tengas consistencia, que seas moldeable sin romperte, y que reveles la forma que Él soñó.

Reflexión espiritual

Hay temporadas en las que Dios te sube la temperatura: pruebas, demandas, decisiones, crecimiento forzado. Y de momento el fuego baja. Entonces hay silencio, quietud, enfriamiento, reposo obligatorio.

Luego vuelve a subir, esta vez menos intenso y descubres que ahora aguantas el calor sin quebrarte por dentro.

Eso es tempering.

Salmos 66:10 lo expresa perfectamente:

"Tú nos probaste, oh Dios;
nos refinaste como se refina la plata."

El refinamiento no es solo fuego:
es fuego + pausa + fuego + descanso + fuego.

Es el control perfecto del calor que forma carácter.

Dios no quiere que seas frágil ante la presión, tampoco quiere que seas duro por el dolor, ni que pierdas tu brillo por el cansancio espiritual.

El temperado celestial produce: estabilidad, belleza interior, brillo espiritual, resistencia sin dureza, dulzura sin debilidad, firmeza con ternura.

Dios está calibrando tu temperatura interna para que tu vida pueda soportar gloria sin quebrarse.

El bocado final

Si has sentido que tus temporadas suben y bajan, que un día ardes y al otro te enfrías, que a veces te endureces y a veces te derrites, no es inconsistencia: es tu temperado.

Dios está alineando tu carácter para que no te quiebres en la próxima promoción. Para que tu brillo no sea momentáneo. Para que tu forma permanezca. Para que tu dulzura no se pierda. Para que tu alma tenga estructura y belleza.

Él no está intentando destruirte con el fuego, ni congelarte con la pausa. Está intentando perfeccionarte con ambas.

Tú no eres chocolate barato que se derrite con cualquier calor, eres materia fina que requiere precisión divina.

Cuando Él termine contigo, las manos que antes te rompían... ya no podrán quebrarte.

Oración

Señor, gracias por controlar mi temperatura espiritual. Gracias por los momentos de calor que me forman y por los tiempos de pausa que me estabilizan. No permitas que me amargue por exceso de fuego ni que me endurezca por falta de movimiento. Templa mi carácter, revela mi brillo, y hazme estable, firme y dulce bajo Tu mano.
Amén.

Frase sazonada

"El fuego del cielo no te quema: te templa para brillar."

Receta simbólica — Chocolate templado del cielo

Ingredientes:

- 1 alma honesta
- Calor de pruebas manejadas por Dios
- Pausas divinas que estabilizan
- Tiempo bajo la mirada del Chef
- Espíritu Santo como termómetro perfecto
- Pizca de paciencia

Preparación:

1. Permite que Dios derrita las partes duras de tu vida.
2. No temas cuando baje la temperatura; Él está estabilizando tu alma.
3. Déjate calentar de nuevo, ahora con propósito y control.
4. Permite que la presencia del Espíritu Santo marque el punto exacto.
5. Mantente moldeable: estás tomando forma.
6. Reposa para que tu brillo aparezca.

Resultado:

Un alma brillante, estable, moldeable y fuerte. Lista para revelar la forma que el Gran Chef soñó.

Actividad individual

Observa tus cambios de temperatura

Propósito: reconocer el control divino en tus temporadas.

Instrucciones:

1. Identifica tres momentos recientes donde Dios "subió tu fuego".

2. Identifica tres momentos donde lo "bajó".

3. Escríbelos en dos columnas.

4. Ora diciendo:
    "Señor, templa mi vida hasta que tu brillo aparezca."

5. Cierra el día reflexionando:
    "¿En qué parte del temperado estoy ahora?"

Carving

Donde Dios revela la belleza que ya estaba adentro

Historia / Metáfora culinaria

En la cocina, el *carving* es arte y precisión. Con un cuchillo delgado, flexible y pequeño, un chef puede transformar una fruta común en algo extraordinario: una fresa se convierte en rosa, una zanahoria en flor, una sandía en escultura. Nada nuevo se añade; todo estaba ya dentro. Solo se requiere una mano firme, un corazón paciente y una mirada capaz de ver más allá de la cáscara.

Así también obra Dios. Él no nos rehace desde cero; nos talla con ternura. Nos moldea en amor hasta que nuestra esencia se vuelve visible. Lo que parecía simple, cotidiano o sin gracia, en Sus manos toma forma, belleza y propósito.

Un corazón alegre embellece el rostro (Proverbios 15:13), y cuando el alma ha pasado por fuego, sazón y paciencia, Dios comienza a tallar en nosotros Su alegría. El *carving* no duele como el corte, porque no separa: realza. Es el toque final del Gran Chef que transforma lo sencillo en obra maestra.

Reflexión espiritual

Dios, como un artista paciente, toma lo que somos y empieza a tallar. Sus cortes no buscan herir, sino revelar la forma que siempre estuvo ahí.

Él ve belleza donde nosotros vemos simpleza. Ve propósito donde otros solo ven rutina. Y cuando Su alegría empieza a manifestarse en nuestro interior, lo ordinario se vuelve arte.

Proverbios 15:13 lo confirma:

"El corazón alegre hermosea el rostro."

La alegría de Dios en nosotros se vuelve visible: en la mirada, en la voz, en la manera en que servimos, en cómo respondemos a la vida. Cada trazo del Espíritu es una expresión de su amor, y cada forma nueva que aparece es una evidencia de que la gloria interior está saliendo a la superficie.

El *carving* del cielo no cambia tu esencia, la revela.

El bocado final

No temas este momento. No estás siendo herido, estás siendo revelado. Dios nos dice: He pasado mi mano por el fuego y ahora la paso sobre ti con ternura, quitando lo que ocultaba tu forma, puliendo lo que ya era bello. Cada trazo que hago tiene intención. Yo veo en ti lo que tú aún no ves: una rosa tallada en medio del fruto, una obra que conserva su sabor, pero ahora refleja Mi luz.

No te resistas a mi cincel; sonríe en mis manos. Este no es dolor de ruptura, es el toque final del amor. El proceso no termina aquí: este es el inicio de tu hermosura manifestada.

Oración

Señor, gracias por tallar en mí con ternura. Gracias porque no me rehaces, sino que revelas quién soy en tu diseño.

Afina mis contornos con tu alegría y permite que mi vida muestre la belleza de lo que tus manos han formado. Que quienes me vean no admiren la forma, sino la obra del Artista que me transformó. Amén.

Frase sazonada

"Dios no te rehace; te revela."

Receta Simbólica: Fruta tallada del cielo

Ingredientes:

- 1 corazón dispuesto a dejarse moldear

- 2 cucharadas de alegría genuina

- 1 mirada agradecida

- 1 cuchillo de propósito firme

- Gotas de paciencia celestial

- Aceite del Espíritu (para que nada se desperdicie)

- Frutos de carácter: amor, paz y dominio propio

Preparación:

1. Lava tu corazón con verdad y gratitud: una superficie limpia deja ver mejor la belleza interior.

2. Coloca tu vida en las manos del Gran Chef. Permite que use su cuchillo con ternura; Él no corta para herir, sino para definir.

3. A cada trazo, deja que Su alegría se mezcle con tu esencia.

4. No te compares con otras frutas; cada una tiene su forma y propósito.

5. Si algo se desprende, no lo lamentes: es parte del diseño.

6. Cuando el proceso termine, observa el reflejo: ya no eres simple fruta, sino arte que revela al Artista.

Resultado:

Una vida tallada por la gracia, con forma de propósito y aroma de alegría. Porque Dios no te rehace... te revela.

Actividad individual

Permite que Dios te talle con alegría

Propósito: dejar que Dios revele la forma que ya sembró en ti.

Instrucciones:

1. Identifica una cualidad tuya que siempre has minimizado.

2. Escríbela como si fuera una "forma" que Dios quiere tallar.

3. Haz algo hoy que exprese esa forma: sonreír, crear, compartir, enseñar.

4. Termina escribiendo:
    "¿Qué forma revelaste hoy en mí, Señor?"

Servir

El propósito del plato

Historia / Metáfora culinaria

En la cocina, todo cobra sentido cuando llega el momento de servir. Después de planificar, cortar, sazonar y cocer, el chef limpia el borde del plato, acomoda cada detalle y presenta su creación con orgullo y amor.

Servir no es el final del proceso, es su propósito. Porque un plato no fue creado para quedarse en la estufa, sino para alimentar, deleitar y restaurar.

El buen chef no cocina para sí mismo; cocina para que otros prueben, disfruten y sean fortalecidos. Y cada plato que sirve lleva su esencia, su firma, su historia.

Así también sucede en la Cocina del Cielo. Todo lo que Dios hace en nosotros, el fuego, la paciencia, los cortes y la sazón, tiene un propósito: que sirvamos. No desde el cansancio, sino desde la plenitud. No para ser vistos, sino para reflejar Su gloria.

Servir no es agotarse; es verterse con propósito. Porque cuando servimos desde lo que Dios cocinó en nosotros, no nos vaciamos... nos multiplicamos.

Reflexión espiritual

Jesús mismo, el Maestro de maestros, dijo:

"El Hijo del Hombre no vino para ser servido, sino para servir." (Marcos 10:45)

El servicio es el lenguaje del cielo, la evidencia de un corazón transformado. Dios no nos forma solo para ser recipientes llenos, sino para ser canales de bendición.

Servir desde el amor es diferente a servir por obligación. El amor convierte la tarea en adoración. Y cada acto de servicio, un plato, una palabra, una sonrisa, se convierte en una ofrenda viva que alimenta a otros con la gracia que hemos recibido.

No temas dar de lo que tienes; Dios nunca te pedirá que sirvas con lo que te falta, sino con lo que ya depositó en ti. Y cuando das con alegría, Él renueva tus fuerzas como las del águila. Porque el servicio no agota al que sirve desde el fuego correcto: el del Espíritu.

El bocado final

Servir es abrir tus manos sin miedo a vaciarlas, porque sabes que el cielo las llenará de nuevo.

Tal vez piensas que nadie nota lo que haces, pero cada acto invisible tiene fragancia eterna ante Dios.

El plato no se sirve para ser aplaudido, sino para cumplir su propósito: alimentar.

Y cuando sirves desde un corazón rendido, Dios mismo se sienta a la mesa.

Oración

Señor, gracias por todo lo que has cocinado en mí. Gracias por las lecciones, los procesos y el fuego que formaron mi carácter. Enséñame a servir desde tu abundancia, no desde mi agotamiento. Que cada cosa que haga lleve tu aroma, y que mis manos sean extensión de tu amor en esta tierra. Hazme plato en tu mesa y canal de tu bondad, para que al servirme a otros, tú seas quien sea exaltado.
Amén.

Frase sazonada

"El propósito de ser cocinado por Dios es servir con Su sabor."

Receta simbólica: El plato servido del cielo

Ingredientes:

- 1 corazón agradecido
- 2 porciones de gracia recibida
- Una medida de humildad
- Gotas de compasión
- Condimento de alegría
- Garnitura de propósito

Preparación:

1. Revisa lo que Dios ha puesto en tus manos: ahí están tus ingredientes.
2. Mezcla la humildad con la alegría; esa combinación alimenta sin cansar.
3. Sirve sin temor, sabiendo que cada porción proviene del cielo.
4. Si sientes tus fuerzas bajas, vuelve a la cocina del alma: Él siempre repone lo que das.
5. Presenta cada acto con excelencia, porque servir también es adorar.

Resultado:

Una vida que no solo cocina fe, sino que la comparte. Porque el verdadero propósito del fuego es alimentar a otros con amor.

Actividad individual

Sirve un bocado pequeño hoy

Propósito: practicar servir desde un corazón procesado.

Instrucciones:

1. Piensa en alguien que necesita un gesto simple.

2. Dale un "bocado" hoy: mensaje, abrazo, oración, ayuda, comida.

3. Hazlo en silencio, sin anunciar.

4. Escribe:
   "¿Cómo se sintió servir desde lo que Dios cocinó en mí?"

Sirve un bocado pequeño hoy

Limpieza

La honra después del servicio

Historia / Metáfora culinaria

En la cocina, el servicio no termina cuando se entrega el plato. El verdadero chef honra su arte cuando limpia, lava sus utensilios, y deja todo en orden para la próxima creación.

El olor del ajo, la harina en la mesa y el vapor del fuego son señales de que algo hermoso sucedió allí. Pero después del banquete llega el momento del silencio: las manos que sirvieron comienzan a limpiar.

La limpieza no es castigo ni rutina; es agradecimiento. Cada trapo que pasa, cada superficie que se aclara, es una forma de decir: *"Gracias por lo vivido, gracias por el proceso."*

Así también es en la Cocina del Cielo. Después de servir, Dios nos llama a limpiar: a soltar lo que quedó, a perdonar lo que dolió, a ordenar el corazón antes del próximo propósito.

Porque la limpieza espiritual no borra la historia; la prepara para una nueva.

Reflexión espiritual

Dios no es solo un Dios de fuego, también es un Dios de orden.

Jesús, después de alimentar a los cinco mil, pidió que recogieran los pedazos que sobraron (Juan 6:12). No porque los necesitara, sino porque nada que proviene del cielo se desperdicia.

La limpieza espiritual es una invitación a revisar el alma: ¿qué quedó sucio del servicio? ¿qué peso no necesitamos llevar al siguiente llamado? Es el momento donde el Espíritu pasa Su trapo de gracia, quitando manchas de orgullo, cansancio o decepción, para dejarnos listos, ligeros y agradecidos.

Limpiar es una forma de adorar. Es decirle a Dios: "No me aferraré a lo que ya hiciste; quiero estar disponible para lo que harás después."

El bocado final

Quizás hoy te sientes agotado después de servir, rodeado de platos vacíos, utensilios fuera de lugar y restos de esfuerzo. Pero no temas ese silencio. Es el momento de limpiar, de respirar, de dejar ir.

La limpieza no borra la historia; la prepara para una nueva. Cada trazo del trapo del cielo deja brillo donde hubo fuego, y orden donde hubo caos.

Lo que hoy limpias con lágrimas, mañana será el espacio donde Dios creará algo nuevo.

Oración

Señor, gracias por cada proceso, cada plato y cada fuego. Hoy quiero limpiar mi corazón y mis pensamientos.

Si algo quedó fuera de lugar, restáuralo. Si algo se manchó con cansancio o frustración, límpialo con tu gracia. Enséñame a soltar lo que ya cumplió su propósito y a dejar espacio para lo nuevo que harás.

Hazme entender que la limpieza también es adoración y que la gratitud brilla más en un corazón en orden. Amén.

Frase sazonada

"La limpieza no borra la historia; la prepara para una nueva."

Receta simbólica: La Limpieza del Cielo

Ingredientes:
- 1 corazón agradecido
- 2 medidas de perdón
- 1 trapo de humildad
- Agua viva del Espíritu Santo
- Gotas de gratitud
- Luz del cielo para revisar rincones

Preparación:
1. Retira los restos del día: pensamientos, emociones o palabras que ya cumplieron su función.
2. Pasa el trapo de la gracia sobre las heridas, hasta que vuelvan a brillar.
3. Lava tus herramientas con oración; que tu mente y tu lengua queden limpias de quejas.
4. Abre las ventanas del alma y deja entrar la luz del Espíritu para ventilar la casa interior.
5. Termina con gratitud, sabiendo que cada limpieza prepara un nuevo comienzo.

Resultado:

Un corazón limpio, dispuesto y ligero, listo para cocinar el próximo propósito del cielo. Porque la limpieza no borra la historia; la prepara para una nueva.

Actividad individual

Limpia tu cocina interior

Propósito: cerrar ciclos con gratitud y orden.

Instrucciones:

1. Identifica algo que tienes que limpiar:

    ◦   una emoción,

    ◦   un pensamiento,

    ◦   un espacio físico.

2. Límpialo literalmente o simbólicamente.

3. Ora diciendo:
    "Señor, deja mi alma lista para la próxima receta."

4. Escribe:
    "¿Qué liberó la limpieza hoy?"

Procesos del Gran Chef

Del fuego al banquete

Cada proceso del Gran Chef deja una marca, un sabor, una enseñanza. El menú de Dios no se improvisa: cada corte, cada hervor, cada sazón y cada paso por el horno tiene una intención. Nada está puesto "a ojo"; todo está medido con sabiduría eterna.

El *corte* no fue para destruirte, fue para darte forma.
El *sazón* no fue para detenerte, fue para impregnarte de carácter.
El *hervor* no fue para quemarte, fue para purificarte.
La *parrilla* no fue para lastimarte, fue para dejar marcas de testimonio.
La *cocción lenta* no fue para olvidarte, fue para darte un sabor inolvidable.
El *horno* no fue para consumirte, fue para levantarte.

Y ahora, las técnicas más finas del Reino también revelan propósito:

El *temperado* no fue para quebrarte, sino para darte estabilidad.
El *sous vide* no fue para esconderte, sino para preservar lo que Él depositó en ti.
La *caramelización* no fue para quemarte, sino para despertar tus notas más profundas.

Dios no cocina a prisa. Su fuego tiene ritmo, Su tiempo tiene sabor, y Su intención siempre tiene propósito. Nada de lo que viviste fue desperdicio: cada lágrima, cada espera, cada silencio estaban en la receta. Él sabía qué remover, qué añadir, qué reposar y cuándo voltearte para que no te quemaras.

Y cuando llegue el momento de servirte en Su mesa, no solo estarás listo: serás un plato que testifica Su fidelidad, un aroma que anuncia Su presencia, y un sabor que revela Su amor.

Porque en la Cocina del Cielo, cada proceso es una promesa disfrazada de fuego.

Conclusión

Cuando el alma sale de la cocina

Cada técnica, cada fuego, cada sazón y cada proceso que recorriste en estas páginas tenía una intención divina: recordarte que nunca has estado a la deriva. Has sido trabajado, moldeado, purificado y revelado por las manos del Gran Chef, Dios.

La Cocina del Cielo no es un lugar de prisa, sino de propósito. No es territorio de miedo, sino de transformación. Aquí, nada se desperdicia:
ni tus lágrimas,
ni tus cortes,
ni tus silencios,
ni tus brasas,
ni tus hornos.

Dios lo usó todo, porque Él no cocina con escasez: cocina con intención. Y cada detalle de tu vida ha sido parte del menú eterno que diseñó para tu historia.

Ahora que cierras este libro, no estás terminando un viaje: estás entrando a la mesa. La mesa donde Dios te sirve no como alguien quebrado, sino como una obra llena de propósito, carácter y sabor eterno. La mesa donde se cumple lo que nos prometió en Su palabra en Filipenses 1:6:

"El que comenzó en ustedes la buena obra, la perfeccionará hasta el día de Jesucristo."

No temas el próximo proceso. No huyas del fuego que viene. No subestimes la mesa a la que Él te invita.

Porque no eres un plato improvisado. Eres una obra maestra en las manos del Chef del Cielo, una receta formada a fuego lento, sazonada con gracia y servida con excelencia divina.

Que tu vida siga desprendiendo el aroma de Su misericordia, el sabor de todo lo que Él ha procesado en ti y la excelencia de Aquel que te llamó a Su cocina.

Nos vemos allí...
porque Dios aún no ha terminado contigo.
Y lo que está por cocinarse será aún más glorioso.

De los procesos a las actitudes

El fuego forma, pero las actitudes dirigen. Después de caminar por las técnicas del Gran Chef, llega el momento de mirar hacia adentro y preguntarnos: ¿Con qué postura estoy entrando a la cocina de mi vida?

Porque no basta con haber sido cortados, sazonados o perfeccionados, si nuestra actitud interna no cambia, ninguna mesa cambia.

Las actitudes son los ingredientes invisibles: los que definen el aroma que dejamos, la excelencia con la que servimos y el carácter que realmente cargamos.

Por eso, este libro abre paso al segundo volumen de la colección: "Las Actitudes en la cocina del Gran Chef", donde exploraremos cómo Dios transforma no solo lo que hacemos, sino cómo lo hacemos.

Prepárate para entrar a una nueva estación de formación. En el primer libro, sobreviviste el fuego. En el segundo, aprenderás a servir con un corazón alineado, humilde y firme.

Porque en la Cocina del Cielo, no solo importan los procesos también importa la actitud con la que respondemos a ellos.

Sobre la colección

"La Cocina del Cielo"

Un discipulado creativo para almas hambrientas de propósito.

La ***Cocina del Cielo*** es una colección diseñada para revelar cómo Dios forma vidas a través de procesos simbólicos, profundos y llenos de sabor espiritual. Cada libro explora un aspecto distinto de la transformación divina, inspirado en la cocina profesional y en la Palabra.

Dios no improvisa: Él afila, sazona, templa, mezcla, cultiva y sirve cada parte de nuestra vida con intención.

Estos son los volúmenes de la colección:

La Cocina del Cielo

Un discipulado creativo para almas hambrientas de propósito

1. **Volumen 1 — Las Técnicas del Gran Chef**
   Los procesos divinos que forman la vida desde adentro.
2. **Volumen 2 — El corazón que se limpia y se eleva**
   El trabajo interno del corazón: actitudes, enseñabilidad, rendición y unidad.
3. **Volumen 3 — El carácter en acción**
   Cuando lo trabajado en lo invisible se manifiesta en la vida diaria.
4. **Volumen 4 — Los Roles del Gran Chef**
   Orden, funciones, responsabilidades y estructura espiritual.
5. **Volumen 5 — El Fruto del Gran Chef**
   La evidencia visible de una vida transformada.
6. **Volumen 6 — Las Mesas del Gran Chef**
   Hospitalidad, honra, servicio y comunión.

7. **Volumen 7 — Los Ingredientes del Gran Chef**
   Elementos del Reino que dan sabor, dirección y esencia al propósito.
8. **Volumen 8 — Los Utensilios del Gran Chef**
   Dones, herramientas y capacidades al servicio del propósito.
9. **Volumen 9 — La Despensa del Gran Chef**
   Promesas, recursos y provisión divina para cada temporada.
10. **Volumen 10 — Las Recetas del Gran Chef**
    La integración final: prácticas, disciplinas y decisiones que sostienen una vida formada.

Cada libro es una estación.
Cada estación es un sabor.
Cada sabor revela una parte del corazón del Gran Chef.

Bienvenido a una cocina donde el fuego transforma, el proceso santifica, y cada plato se convierte en propósito eterno.

El taller del Gran Chef

Actividades grupales
El taller del Gran Chef

Experiencias prácticas para vivir cada proceso juntos

La Cocina del Cielo no se vive solo; se comparte. Cada proceso como el fuego, el corte, el sazón, la paciencia, se vuelve más profundo cuando lo expresamos junto a otros. Estas actividades están diseñadas para que grupos, equipos, iglesias o círculos de discipulado puedan experimentar juntos lo que Dios cocina en cada alma.

Aquí no buscamos perfección, sino participación, honestidad y comunión. Como en toda cocina, cada voz aporta un aroma distinto, y cada historia añade un ingrediente que enriquece el banquete espiritual.

Prepárense para poner las manos en la mesa, el corazón en disposición y dejar que el Gran Chef dirija esta experiencia compartida.

1. Mise en Place espiritual: Ordenando la mesa

Objetivo: Identificar qué áreas externas e internas necesitan orden para avanzar.

Materiales: Hojas, marcadores, una mesa grande.

Instrucciones:

1. Coloca en el centro una mesa vacía representando la "cocina del alma".

2. Pide a cada participante que escriba tres cosas en su vida que están "fuera de lugar".

3. Cada uno va y coloca su papelito en la mesa.

4. El facilitador los guía a mover los papelitos agrupándolos (emociones, relaciones, prioridades, fe).

5. Concluyan orando por orden y claridad.

Resultado grupal: El grupo ve que no están solos en su desorden y experimentan el poder de ordenar juntos.

2. Afilar el cuchillo: Identificando desgaste

Objetivo: Reconocer dónde han perdido filo espiritual/emocional.
Materiales: Papel, lápiz, piedras pequeñas.

Instrucciones:

1. Cada persona toma una piedra representando "proceso duro".

2. Escriben en papel: "¿En qué área he perdido filo?"

3. Comparten (voluntarios) una palabra: cansancio, miedo, apatía.

4. Oran usando la piedra como símbolo: "Señor, afila esta área".

Resultado grupal: Reconocen desgaste y renuevan esperanza.

3. El corte divino: Soltar con precisión

Objetivo: Aprender a separar lo útil de lo que ya no nutre. Materiales: Tijeras, papeles, cinta adhesiva.

Instrucciones:

1. Cada uno escribe dos cosas: *lo que debo dejar* y *lo que debo conservar.*

2. Con tijeras, cortan el papel por la mitad.

3. Lo que debe soltar se pega en una pared llamada "el compost espiritual".

4. Lo que debe quedarse se pega en "ingredientes esenciales de mi vida".

Resultado grupal: Visualizan el acto de soltar como algo natural, no traumático.

4. Sazonar con gracia

Objetivo: Identificar los "sabores" que están faltando en la vida.
Materiales: Vasitos pequeños, sal, azúcar, pimienta, papelitos.

Instrucciones:

1. El facilitador presenta condimentos reales.

2. Cada persona toma un papel y escribe:

    ◦   "Lo que está amargo en mi vida"

    ◦   "Qué sabor necesito: gracia, paciencia, paz, gozo"

3. Comparten en grupos de 3.

4. Concluyen orando por ese "nuevo sabor".

Resultado grupal: Ven el carácter como algo que Dios ajusta.

5. El Consomé del cielo: Lo que el fuego revela

Objetivo: Comprender que las pruebas revelan impurezas para limpiarlas.

Materiales: Agua en un vaso transparente, tierra o cacao, cucharita.

Instrucciones:

1. El facilitador coloca un poquito de tierra/cacao en el vaso con agua y mueve.

2. Pregunta: "¿Qué impurezas reveló mi última prueba?"

3. En mesas pequeñas, cada uno comparte una impureza que salió.

4. Oran diciendo: "Señor, limpia lo que salió a la superficie."

Resultado grupal: Normaliza el fuego como proceso purificador.

6. Cocción lenta: La paciencia del propósito

Objetivo: Abrazar el tiempo de Dios.
Materiales: Un reloj o cronómetro, tarjetas.
Instrucciones:

1. Cada uno escribe un sueño que siente "tardado".

2. Colocan la tarjeta bajo un reloj simbólico.

3. El grupo permanece en silencio 60 segundos (silencio = fuego bajo).

4. Terminan declarando: "En Tu tiempo, Señor".

Resultado grupal: Aceptación del ritmo divino sin ansiedad.

7. Cocción a presión: Fe bajo tensión

Objetivo: Compartir presiones actuales y liberar carga emocional.
Materiales: Globos.

Instrucciones:

1.   Cada persona infla un globo (representa presión).

2.   El facilitador pregunta: "¿Cuál es tu presión más fuerte ahora?"

3.   Al contar hasta 3, todos sueltan el globo.

4.   Concluyen: "La presión en mis manos no define mi destino".

Resultado grupal: Liberación simbólica de tensión.

8. Parrilla del cielo: Honrar las marcas

Objetivo: Transformar cicatrices en testimonio.
Materiales: Velitas LED o lámparas pequeñas.

Instrucciones:

1. Apagan las luces.

2. Cada uno toma una luz y dice (opcional):
    "Mi marca es ______ pero Dios la transformó en ______".

3. Prenden su luz y la colocan al centro.

Resultado grupal: La sala se ilumina con testimonios reales.

9. Hornear con fe

Objetivo: Confiar en procesos invisibles.
Materiales: Un horno apagado (o imagen), papelitos.

Instrucciones:

1. Cada persona escribe algo que está "en el horno de Dios".

2. Depositan el papel dentro del horno (o caja decorada).

3. El facilitador declara: "No abriremos este horno antes del tiempo de Dios".

Resultado grupal: Confianza colectiva en lo invisible.

10. Carving / Tallado: Revelar la belleza interior

Objetivo: Identificar dones y cualidades que Dios está revelando.
Materiales: Papel, marcadores.

Instrucciones:

1. Cada persona dibuja una fruta sencilla.

2. Luego dibuja sobre ella la forma que Dios está tallando (flor, corona, hoja).

3. Comparten: "Dios está revelando en mí ______".

Resultado grupal: El grupo ve belleza en sí mismos y en los demás.

11. Emulsión: carne + espíritu

Objetivo: Integrar áreas que están divididas dentro de la persona.
Materiales: Un frasco con tapa, agua + aceite, pizca de colorante.

Instrucciones:

1. Colocar agua (Espíritu) y aceite (carne) en un frasco.

2. Cada participante identifica dos áreas en conflicto interno.

3. Agitar juntos mientras dicen: "Espíritu Santo, emulsióname".

4. Observar cómo se integran temporalmente.

5. Orar para que Dios mantenga esa unidad.

Resultado grupal: Visualización poderosa del conflicto interno y el poder del Espíritu.

12. Caramelización: El toque de gloria que solo Dios puede dar

Objetivo: Reconocer momentos donde Dios convirtió dolor en dulzura.
Materiales: Azúcar en un sartén (solo ilustrativo), tarjetas.

Instrucciones:

1.   El facilitador explica que "caramelizar" es transformar lo duro en dorado.

2.   Cada persona escribe una situación amarga.

3.   Luego escriben al frente: "Dios la caramelizó cuando…"

4.   Comparten en parejas.

Resultado grupal: Reconocen el brillo que solo Dios da después del fuego.

13. Servir: El plato final es para otros

Objetivo: Recordar que todo proceso tiene un destino: bendecir a otros.
Materiales: Platos desechables, marcadores.

Instrucciones:

1. Cada persona toma un plato blanco.

2. En el centro escribe: "Lo que Dios ha puesto en mí para dar."

3. Alrededor del plato, escriben:
   - dones
   - experiencias
   - testimonios
   - capacidades
   - áreas restauradas

4. En parejas, cada uno comparte cómo puede "servir" eso a otro.

5. Colocan los platos en una mesa central: "La Mesa del Cielo".

Resultado grupal:
El grupo visualiza que todo proceso personal se convierte en un plato para alimentar a otros.
La mesa final se convierte en un acto profético de entrega.

14. Procesos del Gran Chef: Cuando Dios dirige la cocina

Objetivo: Reconocer que cada etapa de la vida tiene su propósito y sabor.
Materiales: Tarjetas con colores (cada color representa una técnica), un cordón o hilo largo.

Instrucciones:

1. Cada tarjeta representa una técnica espiritual (fuego, corte, sazón, paciencia, presión...).

2. Cada participante toma la tarjeta del proceso en el que siente que Dios lo tiene ahora.

3. Se colocan formando una fila en orden aleatorio.

4. El facilitador coloca un cordón que atraviesa todas las tarjetas y dice:
    "Esto es tu historia. Dios usó cada proceso para hilar tu propósito."

5. Cada participante comparte (en una palabra) qué está aprendiendo en su técnica actual.

Resultado grupal:
Ven su proceso como una historia unificada, no como momentos desconectados.
Comprenden que Dios es Chef, Director y Estratega de cada temporada.

15. Limpieza: Dejar la cocina lista para lo próximo

Objetivo: Practicar el acto espiritual de limpiar, perdonar, soltar y prepararse para la próxima temporada.
Materiales: Toallitas húmedas, papel triturable, bolsa de basura.

Instrucciones:

1. Cada uno escribe en un papel cosas que necesitan limpiar:
   - pensamientos
   - hábitos
   - emociones
   - heridas
   - actitudes
2. Arrugan el papel y lo colocan en el centro.

3. El facilitador pasa toallitas y dice:
   "Todo buen chef limpia antes y después. La limpieza honra lo que Dios hizo."

4. Juntos, cada uno limpia su mesa o silla como acto simbólico.

5. Recogen los papeles en la bolsa, declaran:
   "No me llevo este desorden a la próxima temporada."

Resultado grupal:
El grupo experimenta una limpieza emocional y espiritual real, dejando espacio para lo nuevo de Dios.

Sobre la autora

Chef Ive Adorno

Ivelisse "**Ive**" Adorno es una sazonada chef boricua, escritora y creadora de experiencias donde la fe y la vida cotidiana se mezclan como un buen sofrito. Su gran sonrisa —esa que ilumina cocinas, salas, talleres y corazones— es tan característica como su personalidad chispeante y juguetona. Ive tiene la habilidad única de enseñar verdades profundas con alegría, gracia y un toque de humor que vuelve ligero hasta lo que pesa.

Reside en Ohio junto a su esposo, Francisco Javier Muñoz, donde juntos han construido un hogar lleno de música, fe, sabor y propósito. Es fundadora y CEO de Kitvi Editorial LLC, la casa editora que da vida a sus libros, recursos formativos y proyectos que inspiran a otros a escribir, sanar, enseñar y descubrir la voz que Dios depositó en ellos.

Como chef y como mujer de fe, Ive ha convertido las metáforas culinarias en una forma de discipulado creativo. En sus manos, los procesos de la cocina dialogan con los procesos del alma, y Dios siempre tiene un delantal puesto. Su misión es sencilla y profunda: ayudar a otros a descubrir que, en las manos del Gran Chef, nada se desperdicia y todo se transforma.

Ive cree firmemente que la vida es para vivirla y no para sobrevivirla; que estamos hechos para crear, crecer, equivocarnos y volverlo a intentar; que amar también se hace con el cerebro, con intención, con sanidad; y que cada día es una invitación a abrazar la vida abundante que Dios nos da y de sonreír.

Sobreviviente, soñadora, boricua orgullosa y eterna creadora, Ive escribe para quienes desean crecer, sanar y reír mientras Dios los forma. Su voz combina ternura y firmeza, fe y chispa, propósito y juego.

Este libro forma parte de la colección La Cocina del Cielo, un proyecto donde Ive une su don culinario, su identidad pastoral y su creatividad nata para guiar a otros hacia procesos más profundos, más conscientes y más llenos de propósito.

Puedes seguir su recorrido, eventos, proyectos y publicaciones en sus plataformas oficiales.
Y si alguna vez te la encuentras, te recibirá como siempre: con una gran sonrisa, un corazón dispuesto y una chispa que te hace sentir en casa.

Créditos Finales

Título: *Las Técnicas del Gran Chef*
Autora: Chef Ive Adorno
Edición y diseño editorial: Kitvi Editorial, LLC
Portada y maquetación: Kitvi Editorial, LLC
Año de publicación: @2025
Primera edición
Contacto: ive@kitvi.me
Redes sociales: @chefiveadorno

Agradecimientos

Gracias a quienes han creído en este proyecto desde su concepción: mi esposo Francisco, mi familia, y cada persona cuya fe, palabra y amor han sostenido este llamado. Y gracias a ti, lector, por permitir que este libro forme parte de tu proceso espiritual.

Declaración

Este libro es una obra devocional construida a partir de metáforas culinarias y experiencias reales. Su propósito es inspirar, edificar y acompañar al lector en su proceso con Dios.